TERAPEUCI PAR

Marta Szarejko

TERAPEUCI PAR

HISTORIE Z GABINETÓW

WYDAWNICTWO LITERACKIE

„Świetnie! — krzyknęła moja przyjaciółka, słysząc, że zamierzam napisać zbiór wywiadów z terapeutami par. — Nie znam pary, która poszła na terapię, a potem się nie rozstała". Roześmiałam się, ona też. Ale potem jej słowa nie dawały mi spokoju, zastanawiałam się, czy naprawdę pary w Polsce decydują się na terapię dość późno. Zdarza się, że jedna z osób stawia ultimatum: idziemy na terapię albo się rozstajemy. Ale czy to wciąż reguła? Może nie jest aż tak źle? Może dziś pary decydują się na terapię wcześniej, zanim zauważą, że ich związek legł w gruzach?

Przypomniałam sobie parę znajomych, którzy poszli na terapię kilkanaście miesięcy po tym, jak się poznali. Wszyscy wokół patrzyli na nich sceptycznie: „Jeśli nie dogadują się teraz, co będzie później?". Później okazało się dla nich piękne, a terapia par była w ich przypadku strzałem w dziesiątkę. Szybko naprawili zakłócenia w komunikacji i właśnie mija dziesięć lat, odkąd są razem. Czy tylko takie pary mają szansę? Jak wybrać odpowiedni moment, jakie trzeba mieć nastawienie, żeby terapia była skuteczna? I jak ona wygląda?

Hanna Pinkowska-Zielińska mówi, że w trakcie terapii człowiek godzi się z tym, co jest realnością, i przeżywa ją jako coś dobrego. „Przestaje żyć w iluzji, że ma być tylko przyjemnie. Może rozwój w ogóle polega na tym, żeby zrezygnować z zasady przyjemności i przejść do zasady realności?"

Według Magdaleny Sękowskiej, w ramach nauki synchroniczności, wrażliwości i reaktywności na drugą osobę, wszyscy powinniśmy uczyć się tańczyć tango.

A Bartosz Zalewski twierdzi, że nie każdą parę przyjmuje na terapię. „Czasem mówimy ludziom, że tak życie wygląda. I już".

Nie pytam ich, jak naprawić związek, tylko co jest w nim ważne. Jak patrzą na ciekawość, empatię, miłość, komunikację, bliskość? Czym różnią się problemy par, które emigrowały do Niemiec od tych, które żyją w Polsce? A czym jednopłciowych od heteroseksualnych? Jak radzą sobie ci, którym umarło dziecko? Co, jeśli między partnerami jest przemoc?

O to wszystko pytam terapeutów, którzy pracują z parami od lat. Pewnie was nie zdziwi, jeśli napiszę, że wcale nie tak rzadko pracują w parach.

Marta Szarejko

Dwie osoby w samochodzie zmierzającym w przepaść

Co się dzieje w parze, zanim trafi do gabinetu terapeuty
Rozmowa z Hanną Pinkowską-Zielińską i Bartoszem Zalewskim

Co pary zwykle robią przed podjęciem terapii?

BARTOSZ: Przez długi czas mają nadzieję.

Na co?

BARTOSZ: Na to, że problem rozwiąże się sam. Ludzie często podejmują identyczne, oparte na tych samych schematach próby naprawienia związku, myśląc, że robią coś nowego. Mówią: „Postanowiliśmy zrobić coś zupełnie nowego!", a potem okazuje się, że to to samo, co robili zawsze, tylko inaczej to nazwali. Według badań przeprowadzonych przed pandemią korzystające z profesjonalnego wsparcia pary mniej więcej od czterech do sześciu lat przed terapią poszukiwały sposobów naprawy swojego związku. To długi proces. Nowe badania pokazały, że w trakcie pandemii ten okres skrócił się do dwóch lat. Może tryb online zwiększył dostępność terapii?

HANNA: Nie mam poczucia, że cztery lata to bardzo długo, ponieważ to jest czas, w którym dana osoba oprócz tego, że ma nadzieję, że coś się zmieni i poprawi, dowiaduje się czegoś o sobie, o swoim partnerze. I z perspektywy czasu pacjenci, gdy pyta się ich o to w gabinecie, wiedzą, że cztery lata temu zaczęli się kłócić. Ale kiedy to trwa, to przez pierwszych kilka lat nie odnotowują, że bardzo się od siebie oddalili, że nie ma już między nimi porozumienia. I nie potrafią przewidzieć, że z czasem stanie się to nie do wytrzymania.

BARTOSZ: Najpierw para próbuje się zorientować, czy w ogóle jest jakiś kłopot. A jeśli tak, to gdzie. Jedna strona powie drugiej o swoim dyskomforcie, a potem próbują to rozwiązać własnymi siłami.

HANNA: Na przykład jedna osoba jest przeciążona obowiązkami domowymi, więc starają się coś zmienić, tak przeorganizować codzienność, żeby jej pomóc. Ale nie wiedzą, jak te zmiany wprowadzić w życie, bo okazuje się, że nie w tym leży problem — on tkwi głębiej, nie w zachowaniu, które jest widoczne. Pary mówią, że kiedyś się kłóciły, a następnego dnia wszystko wracało do normy. Ale czas między awanturą a powrotem do normy stopniowo zaczął się wydłużać: to nie był już jeden dzień, tylko trzy. Potem tydzień. W końcu zauważają, że nie wiedzą już, jak się pogodzić, wrócić do bliskości w relacji, więc zaczynają szukać pomocy na zewnątrz. Samodzielne próby rozwiązania problemu okazują się nieskuteczne.

BARTOSZ: Para włącza w to przyjaciół, niekiedy rodzinę. Zwierzają im się, pytają, co robić. W końcu ktoś mówi: „Słuchaj, też miałem kłopot, ale zrobiłem to i to". Czasem to działa, części par udaje się rozwiązać problemy w ten sposób. Ale niektórym się to nie udaje i wtedy trafiają do nas. I mówią: „Kłócimy się i od początku doskonale wiemy, jak to się skończy, ale i tak nie możemy tego zatrzymać".

HANNA: Jak dwie osoby jadące samochodem, którym nie są w stanie kierować i z którego nie potrafią wysiąść, chociaż wiedzą, że zmierzają w przepaść.

BARTOSZ: Mają w sobie cierpienie, którego nie chcą. Każda z tych osób wolałaby je oddać albo przynajmniej zmniejszyć.

Według badań z Europy Zachodniej i Stanów Zjednoczonych od dwudziestu do trzydziestu procent par doświadcza trudności, pomocy szuka dziesięć–dwadzieścia procent spośród nich, a decyduje się z niej skorzystać od siedmiu do dziesięciu procent par. To dużo czy mało?

BARTOSZ: Myślę, że dużo. Terapia par przestała być tabu, bo po pierwsze, ludzie chcą mieć lepsze życie, a po drugie, związek stał się swego rodzaju enklawą, azylem. Pandemia, kryzys klimatyczny, wojna w Ukrainie, napięcia polityczne w Polsce dodatkowo sprawiają, że ludzie chcą, żeby w domu było dobrze. W domu, czyli w najbliższych relacjach.

HANNA: Poza tym coraz rzadziej spotyka się rodziny wielopokoleniowe, żyjemy raczej w małych rodzinach — ja i mój partner, ewentualnie dzieci. Nie mieszka się z rodzicami, teściami, dziadkami. Punktem odniesienia dla szczęścia i spokoju jest najbliższa relacja, dlatego jej jakość ma coraz większe znaczenie.

BARTOSZ: No i medialnie to już jest ograne, terapia par jest obecna w serialach, na przykład w *Bez tajemnic*.

HANNA: Poza tym nawet jeśli para nie ma własnych doświadczeń w terapii, to często jej znajomi albo przyjaciele już takie doświadczenia mają. Bo terapia par to nie jest coś, o czym się nie mówi w sytuacjach towarzyskich. Ktoś zauważy, że parze lepiej się układa, jakoś milej się do siebie odnoszą, pyta o to, a para mówi wprost: „Tak, jest lepiej, bo pracujemy nad naszą relacją".

BARTOSZ: Dużo też zmieniły prowadzone w firmach szkolenia psychologiczne, które zahaczają o różne umiejętności miękkie — ludzie przekładają je na zachowania w rodzinie.

HANNA: Osoby, które dziś do nas przychodzą, mają inną samoświadomość. Wiedzą, że mogą sięgnąć po pomoc i że nie jest to żaden wstyd.

Częściej terapię inicjują kobiety czy mężczyźni?

HANNA: To się zmienia — lata temu powiedziałabym, że kobiety, dziś mam wrażenie, że mężczyźni. Wiąże się to ze zmianami w odgrywaniu różnych ról: mężczyźni idą na tacierzyński, a kobiety idą do pracy. Albo dzielą się pół na pół. Kolejne pokolenia inaczej pojmują bycie kobietą i mężczyzną, niektórzy odchodzą od definiowania się poprzez płeć.

BARTOSZ: Może jest też tak, że mężczyźni — przynajmniej ci młodsi — już nie chcą zamykać się w schemacie twardego, silnego faceta, który jeśli w ogóle cierpi, to w milczeniu. Bo kiedyś faktycznie było tak, że kobieta zaczynała terapię indywidualną, orientowała się, że jej związek nie jest taki, jak by chciała, więc namawiała partnera na wspólną terapię.

HANNA: Mamy też takie pary, w których kobiety świetnie funkcjonują zarówno zawodowo, jak i finansowo, odnoszą sukcesy. A mężczyźni nie, więc mogą być zaniepokojeni, bezradni.

BARTOSZ: Wczoraj była u nas para, która ma czwórkę dzieci. Mężczyzna jest z domu, w którym ojciec bił, i mówi, że bardzo nie chce być taki jak on. A widzi, że kiedy kłóci się z partnerką, robi się bardziej impulsywny i czuje, że jest też taki dla swoich dzieci. Więc przekonany, że można to zmienić, postanowił zainicjować terapię, namówił na nią partnerkę.

Bardzo świadomy pan.

BARTOSZ: Mimo że z psychologią nie ma nic wspólnego. Ale właśnie o to chodzi: cztery czy pięć lat przed terapią musi się pojawić taka myśl, świadomość, jakaś próba zrozumienia — co tu jest właściwie grane? Jednocześnie ludzie często tego unikają, mają nadzieję, że wszystko się rozejdzie po kościach albo że ktoś im coś doradzi i to wystarczy. Ale to musi być wewnątrz: myśl, że coś jest nie tak, a mogłoby być inaczej.

HANNA: Kiedyś pary zwykle traktowały terapię jak ultimatum: „Jesteście państwo ostatnią deską ratunku" — mówili. Teraz też tak bywa, jednak częściej pary przychodzą po to, żeby lepiej zrozumieć swoją relację.

Rozumiem, że to, co pary na początku definiują jako problem, nie zawsze nim jest?

HANNA: Pacjenci zgłaszają na przykład problem z komunikacją: „Nie możemy się dogadać". Rzadko zadają sobie pytanie: „Dlaczego?", częściej robią coś takiego — użyję do tego przykładu naszych imion: „Nie możemy się dogadać, bo Bartek jest uparty". A Bartosz mówi: „Nie możemy się dogadać, bo Hania jest ciągle nieobecna". To się nazywa identyfikacja projekcyjna.

Czyli?

HANNA: Upraszczając, nieświadome umieszczanie w drugiej osobie własnego sposobu doświadczania rzeczywistości, by w ten sposób je od siebie odsunąć. Próbujemy zatrzymać ten mechanizm już na etapie konsultacji. Obie osoby współtworzą związek, więc prosimy, żeby każda mówiła o sobie. Pytamy na przykład: „Panie Bartku, rozumiem, że nie możecie się dogadać. Kiedy pan to zauważył? Co się wtedy z panem dzieje?". W ten sposób konstruujemy sytuację, w której zachęcamy ludzi do autorefleksji, myślenia o współodpowiedzialności za kondycję relacji.

BARTOSZ: Dobrze, jeśli para mówi o komunikacji, bo to znaczy, że nie obwiniają siebie nawzajem, tylko widzą problem w czymś, co można zmienić. Ale zdarzają się też pary, które mówiąc o komunikacji, próbują w tym zawrzeć coś więcej. Jedna strona na przykład bez przerwy wysyła sprzeczne komunikaty.

HANNA: Żona narzeka, że mąż nie zarabia pieniędzy, a zaraz potem mówi: „Dzięki temu, że on był częściej w domu, ja mogłam się rozwijać". No i w końcu nie wiadomo: to dobrze czy źle? Dzieci wracają do domu i nie są same — ojciec już jest, podaje im obiad. W tym czasie ta pani się szkoli, wspina po szczeblach kariery. Ale nie widzi, że duży udział w tym ma jej partner, dzięki któremu ma spokój, bo on opiekuje się dziećmi, a ona może poświęcić się pracy. Jednocześnie ma do niego pretensje, że nie jest jak partnerzy jej koleżanek i nie przynosi do domu dużych pieniędzy. A wręcz że chce od czasu do czasu o czymś zdecydować.

BARTOSZ: Na przykład wybór wakacji: ona nie chce już jeździć do Egiptu i mówi: „Do Egiptu? Znowu?". On na to: „No tak, pojedźmy do Egiptu, tam było tak fajnie!". Kupuje bilety, rezerwuje hotel, a potem się okazuje, że ona nie chciała jeździć do Egiptu, ale nigdy nie powiedziała tego wprost.

HANNA: Pani nie powiedziała też, dokąd chciałaby się wybrać. Nie mówiła: „Wolę Sycylię", ale ma pretensje, że tam nie pojechali. Tak jakby mąż miał czytać w jej myślach i wiedzieć, gdzie ona chce spędzić wakacje! Ale dla niego to też jest wygodne — chce lecieć do Egiptu, więc jak przez mgłę widzi to jej niezadowolenie, jednak z jakichś powodów je ignoruje. Może nie jest w stanie zrezygnować ze swojego pomysłu? Tym właśnie zajmujemy się w terapii: oglądaniem od wewnątrz codziennych sytuacji, z perspektywy każdej z osób tworzących związek.

BARTOSZ: Dlatego mam wrażenie, że tu niekoniecznie chodzi o czysto komunikacyjne narzędzia, tylko o umiejętność wytrzymania dyskomfortu, czyli w tym wypadku odmienności. I nie chodzi o kompromis, tylko o przyjęcie inności tej drugiej osoby. Coś w stylu: lubię jeździć na Północ, a moja żona na Południe. Gdybyśmy zawarli kompromis, to pojechalibyśmy na wakacje pod Warszawę, bo Europa to akurat środek między Północą a Południem. A nie o to chodzi. Chodzi o wytrzymanie tego, że się różnimy. Tylko że niektóre pary przychodzą z taką wizją, że dobry związek to zgodność.

Symbioza.

HANNA: Pytamy każdą ze stron o jej perspektywę. I jeśli opis jest zbyt zgodny, to zwykle jesteśmy podejrzliwi, mówimy...

BARTOSZ: Co się państwo tak zgadzacie?

HANNA: Zdarza się, że osoba przyprowadzona mówi: „Ja mam takie samo zdanie jak mąż/żona". Wtedy zwykle prosimy, żeby jednak opowiedziała o związku ze swojej perspektywy, bo przecież każdy inaczej dobiera słowa, zwraca uwagę na coś innego. I wtedy dotykamy bardzo ważnego wymiaru życia w parze: można stworzyć związek, coś intymnego i bliskiego, a jednocześnie zachować odrębność. Dlatego upieramy się przy tym, żeby każdy mógł opisać sytuację związku ze swojej perspektywy.

BARTOSZ: W niektórych parach odmienność traktuje się wrogo i partnerzy udają, że wszystko jest identyczne. Że nie ma między nimi różnic. Tylko jakoś znika życie seksualne.

No tak, nie można pożądać siebie.

BARTOSZ: Jakoś tak nic się nie dzieje, pustka.

HANNA: Poza odrębnością musi być jakiś rodzaj napięcia, inaczej znika ekscytacja. Gdy ludzie są ze sobą zespoleni, trudno o fascynację drugim człowiekiem, nie tylko erotyczną.

BARTOSZ: To, co częściej ostatnio obserwujemy, to także impas projekcyjny.

„Umieszczam" w partnerze coś, czego w sobie nie lubię lub nie akceptuję, i na niego narzekam?

BARTOSZ: Krótka instrukcja jak „umieścić" w partnerze coś swojego: należy traktować jego zachowanie i wypowiedzi jako dowód na to, że ma cechy, jakie mu przypisujemy. Czyli: „Znam cię lepiej niż ty sam". I być w tym nieugiętym. Krótko mówiąc, gdyby nie ta druga osoba — jej cechy, jej właściwości — byłbym szczęśliwszy. Gdyby on na przykład był bardziej odpowiedzialny, zaradny. Albo gdyby ona była bardziej opiekuńcza.

HANNA: Ewentualnie — gdyby nie czytała w moich myślach. Bo nagle się okazuje, że człowiek zaczyna walczyć z pewnym wyobrażeniem na swój temat, które ma partner czy partnerka.

BARTOSZ: Badania pokazują, że w mało satysfakcjonujących związkach jedna osoba oskarża drugą o to, że za konflikt odpowiada jakaś jej cecha. Czyli: kłócimy się, bo ktoś taki jest. A w związkach satysfakcjonujących kłócimy się, bo ktoś głupio zrobił. Czyli miał dobre intencje, ale zrobił coś durnego.

HANNA: Mechanizm przypisywania złych cech drugiej osobie ma funkcję obronną, dzięki niemu nie zajmujemy się sobą. Zwrócenie kamer w swoją stronę jest o wiele trudniejsze, bo wewnątrz zwykle jest dużo lęku, więc ulgę i spokój odnajduje się w skupieniu na partnerze. I byciu daleko od siebie.

Co się robi w takiej sytuacji?

HANNA: Trzeba rozluźnić ten impas, żeby każda z osób mogła istnieć także osobno, a partnerzy nie byli już tak zakleszczeni.

BARTOSZ: Czasami przychodzą do nas pary, a my każdego z partnerów wysłalibyśmy na terapię indywidualną. Ale okazuje się, że to niemożliwe, bo część jednego jest w drugiej osobie — to trochę tak, jakby ktoś szedł na terapię bez jakiejś części siebie.

HANNA: Myślę, że niektórymi pacjentami trzeba najpierw zaopiekować się indywidualnie, nawet jeśli dzieje się to w trakcie terapii par.

BARTOSZ: Wszystkich zaraz przerazimy, mówiąc: „Najpierw terapia par, potem indywidualna, potem znów par...".

I już za szesnaście lat będzie lepiej.

BARTOSZ: Do pięćdziesiątki się uda!

HANNA: Myślę, że dziś trudno ludziom ponosić straty czy doświadczać ograniczeń wynikających z tego, że są w relacji.

BARTOSZ: Pamiętam spotkanie, które organizowałaś dla terapeutów par i mówiłaś o tym, że kiedyś ludzie, wchodząc w związek, wiedzieli, że coś się kończy, a coś innego otwiera. Dziś nie ma na to przyzwolenia — związek ma coś dodawać: nadal będę chodził na piwo z kolegami, tyle samo pracował, a do tego będę miał regularny seks z partnerką.

HANNA: Ludzie myślą, że musi być przyjemnie.

Dlatego dobieramy się na zasadzie podobieństw?

BARTOSZ: Badania na temat satysfakcjonujących związków dowodzą, że podobieństwo dotyczy tylko poziomu wartości. Jesteśmy religijni czy nie jesteśmy? Chcemy mieć dzieci? Ważniejsza jest dla nas rodzina czy grono przyjaciół? Równie szczęśliwe są pary o podobnym hobby i odmiennym, pod warunkiem że nie różnią się pod względem wyznawanych wartości. Jeśli mają inne, trudno osiągnąć satysfakcję w związku.

HANNA: Inne badania pokazują, że trzeba chcieć z partnerem spędzać czas. Co, jeśli ja chcę jeździć po świecie, a mój partner woli siedzieć w domu? Czy to przeszkadza?

BARTOSZ: Nie. To, czy lubi się podobne rzeczy, jest drugorzędne, o ile wyznaje się te same wartości. Jeżeli ja kocham Północ, a partnerka Południe i jedziemy na Południe, a ona ciągnie mnie na turecki targ, na którym ja dostaję zawału, marząc o odmętach Północy, to rozwiązanie tkwi w tym, że dzielimy wspólną wartość: akceptację tego, że się różnimy. Ona pójdzie na targ, a ja z boku poczytam gazetę. Siła awersji jest ważniejsza niż to, żeby lubić podobne rzeczy.

Czy zdarzają się też pary, w których jedna osoba mówi, że to w niej tkwi problem, ale nie wie, co z nim zrobić? Bez przerzucania winy na drugą osobę.

BARTOSZ: Zdarzają się. Partner opowiada, że ona jest agresywna, impulsywna, a on nie ma pojęcia, co z tym począć. I kiedy myślę, że jak ją zapytam, to zaraz się dowiem, jaki jest on, ale kobieta nagle mówi: „Tak, ja taka jestem. Agresywna. Nie wiem, jak to zmienić". Więc najpierw próbujemy zrozumieć, dlaczego oboje nie potrafią sobie z jej agresją poradzić.

HANNA: Są też pary, które bardzo dużo rozmawiają i już pewne problemy mają obgadane. Niestety często niczego to nie zmienia, ale mają rozeznanie: każde z nich ma swoje udziały, choć nie potrafią nic z nimi zrobić. Jedno wie na przykład, że w domu ma nie mówić słowa „żaba”, bo tak ustalili, ale wchodzi i po prostu jakaś siła każe mu powiedzieć: „ŻABA”. Chociaż wie, że z tego powodu zaraz się pokłócą. Wchodzi do biura, do sklepu i tego nie mówi, a w domu natychmiast to słowo pada — ta druga osoba coś takiego w nim uruchamia. I niby mają to przegadane, ale ta pierwsza wciąż nie wie, dlaczego mówi „żaba”, a druga nie rozumie, czemu zawsze jej to podnosi ciśnienie. Wtedy przychodzą po pomoc.

Co jest porażką dla terapeuty par?

HANNA: Jak para przerwie terapię bez omówienia, dlaczego to robi. Po prostu zniknie.

BARTOSZ: Czasami nie doceniamy trudów, jakie dźwiga dana para — patrzymy na dwie dojrzałe osoby, a tak naprawdę obok nich siedzi dwójka dzieci. A my ich nie widzimy wystarczająco dobrze.

Rozumiem, że praca we dwójkę pomaga wam unikać porażek.

HANNA: To jest bezpieczniejsze, bo wszystko możemy przedyskutować, każde z nas zauważa inne rzeczy. Poza tym to, co się dzieje między nami, jest odzwierciedleniem tego, co się dzieje w parze.

BARTOSZ: No i rozmawiamy o parze przy parze.

Jak to?

BARTOSZ: Mówię na przykład: „Hanno, zastanawiam się, o co chodzi. Wydaje mi się, że państwo się w czymś zakleszczyli. Myślę, że pan ma czegoś powyżej uszu, ale nie wie, jak się z tego wydostać”.

HANNA: A ja na to: „Mnie interesuje inny problem, wciąż myślę o początku sesji, kiedy pani powiedziała, że…”. I wtedy oni wybierają, za czym idą. Pamiętam sesję, którą prowadziłam z koleżanką, i ona zaczęła rozmawiać z parą o książce, dajmy na to o *Harrym Potterze*, której ja w życiu nie miałam w rękach.

Szybko poczułam się wykluczona, potem zazdrosna o ich wspólne skojarzenia — miałam wrażenie, że dobrze się bawią beze mnie, dlatego kiedy skończyli, powiedziałam im, co się ze mną działo. Zapytałam parę, co o tym myśli. Oboje odpowiedzieli, że często mają takie sytuacje, w których jedno czuje się wykluczone, nieważne i nie wie dlaczego. Krótko mówiąc, to, czego ja doświadczyłam, jest obecne w ich związku. Wniosłam to i dzięki temu mogliśmy porozmawiać o wykluczaniu, unieważnianiu siebie nawzajem. Bardzo ważny relacyjnie temat.

Bycie terapeutą par pomaga czy przeszkadza w życiu prywatnym?

BARTOSZ: Mnie ogromnie pomogło, bo poszedłem na indywidualną terapię i przestałem się czepiać partnerki. Ale zadzwonię do niej i zapytam, co o tym myśli.

HANNA: Nie wiem, zapytam męża. Andrzej! Chodź na chwilkę.

ANDRZEJ: Od jakiegoś czasu jest lepiej. Ale może to moja zasługa?

HANNA: Pamiętam, że jak poszłam na analizę, to powiedziałeś, że jestem dla ciebie lepsza. W trakcie terapii człowiek się chyba godzi z tym, co jest realnością, i przeżywa ją jako coś dobrego. Przestaje żyć w iluzji, że ma być tylko przyjemnie. Może rozwój w ogóle polega na tym, żeby zrezygnować z zasady przyjemności i przejść do zasady realności?

BARTOSZ: Moja partnerka mówi, że czasem, jak coś gadam, to jestem pewien swojej mądrości i wtedy nie ma przebacz.

HANNA: A co z postawą zaciekawienia?

BARTOSZ: O dwudziestej drugiej?! Jak jakiś film oglądam? Po całym dniu zaciekawiania się ludźmi? Kiedyś muszę się mniej ciekawić, mniej interesować i po prostu wiedzieć! Ona ogląda na przykład jakiś serial o osobowości wielorakiej, jest zachwycona, zaczyna mi o tym opowiadać, a ja mówię znużony: „Tak, uczyłem się o tym, ale to rzadko występuje". Taki minus bycia terapeutą.

ANDRZEJ: Ile małżeństw, tyle przypadków, każda para jest inna.

HANNA: I to jest fajne.

BARTOSZ: Utrzymuje nas w tym zawodzie.

ANDRZEJ: Pytanie, czy każda para nadaje się do terapii.

BARTOSZ: My nie każdą przyjmujemy. Czasem mówimy ludziom, że tak życie wygląda. I już.

HANNA PINKOWSKA-ZIELIŃSKA, psychoterapeutka, superwizorka Polskiego Towarzystwa Psychologicznego, prowadzi terapię par, rodzin oraz indywidualną. Od 2004 roku kieruje Zespołem Ośrodka Terapeutyczno-Szkoleniowego „Kontrakt" w Warszawie. W 2021 ukazał się pierwszy tom podręcznika pod jej redakcją *Diagnoza par w różnych podejściach*, w 2022 drugi — *Specyficzne zjawiska w diagnostyce par*. Współredaguje podręcznik *Po diagnozie — wybrane zjawiska w terapii par,* który ukaże się w 2024 roku.

BARTOSZ ZALEWSKI, doktor nauk społecznych, psychoterapeuta, terapeuta par. Pracuje w Zespole Terapii Rodzin Ośrodka Terapeutyczno-Szkoleniowego „Kontrakt" w Warszawie. Współpracownik Uniwersytetu SWPS. Wykładowca i autor artykułów naukowych z zakresu diagnozowania, terapii rodzin oraz efektywności kształcenia psycholożek i psychologów klinicznych. Współredagował książki *Diagnoza par w różnych podejściach* i *Specyficzne zjawiska w diagnostyce par*.

Pralka i trójkąt

Po co łączymy się w pary
Rozmowa z Marią Zapolską-Downar i Maciejem Żurkiem

Po co właściwie łączymy się w pary?

MARIA: To bardzo atawistyczne, potrzebne do przeżycia. Żyjemy w nich od zawsze — para potrzebna jest do poczęcia, rodzimy się też w parze, z matką. Potem musimy mieć opiekuna — dziecko bez niego nie przeżyje, musi być w diadzie.

MACIEJ: Może potrzebujemy do funkcjonowania jakiejś wymiany? Musimy coś komuś powierzyć, żeby ta druga osoba w zdrowej formie to przepracowała i nam oddała. Dajemy i bierzemy, para to intymny kontakt. Oczywiście życia w parze romantycznej nie trzeba uznawać za normę, ale single też żyją w diadach: mają przyjaciół, zwierzęta, pracę, pasje.

MARIA: Czasem przychodzi do nas para, w której partnerzy są tak daleko od siebie, że najpierw każde z nich potrzebuje zrozumienia oddzielnie. Przykład z dzisiejszej sesji: pani bardzo chce dostać od pana to, czego nie dostała w rodzinie pochodzenia, pan podobnie, ale nie uzyskują tego od siebie i dla obojga to bolesne przeżycie. Każde jest skupione na swoich potrzebach. Mają dzieci, mieszkanie, kredyt, czyli w zewnętrznym sensie są parą, ale w swoim wewnętrznym świecie nie czują się połączeni.

Wydaje mi się, że dopiero gdy jesteśmy w parze, wychodzą różne nasze cechy i zachowania. Bez konfrontacji jest bezpieczniej, możemy udawać, że ich nie ma. Albo w ogóle ich nie odkryć.

MACIEJ: Można to porównać do mieszkania co miesiąc w innym miejscu. Albo do częstej zmiany pracy — nie ma szans na dogłębne poznanie przy tak szybkich zmianach. Do stworzenia pary potrzebny jest czas.

MARIA: To, co jest stałe w opowieściach par, z którymi pracujemy, to ich historie na temat początków związków: najczęściej są magiczne. Pacjenci mówią: „Było idealnie, wszystko nas do siebie przyciągało, nie było żadnych różnic, myśleliśmy tak samo, czuliśmy tak samo". Ale po jakimś czasie okazuje się, że jednak jesteśmy inni. Różnimy się. I wtedy pojawia się pierwszy zgrzyt: zaczynamy dostrzegać, że nie związaliśmy się z ideałem, tylko z żywym człowiekiem.

MACIEJ: Trzeba zadać sobie pewien trud poznania partnera, zobaczenia go realnie. Do tego powinno się podzielić swoją przestrzenią, wejść w zależność, krótko mówiąc: zbliżyć się do siebie. Jakiś czas temu słyszałem wywiad z socjologiem, który mówił, kiedy według badań zaczyna się para. I socjologowie doszli do wniosku, że wtedy, kiedy dwoje ludzi ma wspólną pralkę.

MARIA: Moment, w którym zaczynają wspólnie prać brudy!

MACIEJ: Moment, w którym zaczyna się wspólna codzienność, wspólny majątek. Czyli wspólny trud: pokazujemy siebie, swoje słabości, wady, szeroki repertuar zachowań, nie tylko tych przeznaczonych na randki. No i musimy zacząć się do siebie dostosowywać.

Wolimy dziś unikać tego trudu, mamy raczej małą tolerancję na różnice. Z czego to wynika?

MARIA: Uczenie się tolerancji zaczyna się na bardzo wczesnym etapie: rodzimy się i jesteśmy połączeni z matką — jest tylko ona i jej pierś. Matka ma reagować na każdą naszą potrzebę, i jeszcze ją przewidywać. To jest etap zlania, zakochania, rozumienia bez słów. Etap idealnej diady. Dziecko płacze, a matka najczęściej wie dlaczego. Zwykle też wie, co z tym zrobić.

MACIEJ: Dziecko nie ma oczywiście świadomości diady, myśli, że ono i matka to jedno. Dopiero po jakimś czasie zaczyna się orientować, że matka jest oddzielnym bytem.

MARIA: Etap różnicowania, kiedy dziecko się orientuje, że koło matki kręci się jakiś facet, jakaś przyjaciółka, że matka ma pracę i czasem znika, jest rozwojowo spektakularny, dzieje się, gdy dziecko ma mniej więcej trzy lata. Wtedy zaczyna się walka, którą ono musi w pewnym sensie przegrać i wygrać. Z jednej strony musi doświadczyć wykluczenia z pary, czyli straty, a z drugiej utrzymać wiarę w to, że nadal jest kochane przez rodziców. I że to uczucie jest stabilne. Taka detronizacja oczywiście wywołuje frustrację — jest nieprzyjemna, ponieważ fajnie być najważniejszym, mieć wszystko, czego się chce. Ale dla naszego rozwoju jest konieczna. Musimy umieć sobie radzić z tym, że na wiele rzeczy nie mamy wpływu.

MACIEJ: Dziecko musi wiedzieć, że można być kochanym, będąc jednocześnie czasami wykluczanym. Na przykład, gdy rodzice zamykają przed nim sypialnię.

Musi nauczyć się żyć w trójkącie.

MACIEJ: Zrozumienie tego jest bardzo istotne, ponieważ oznacza nie tylko zaakceptowanie tego, że czasem coś mi się udaje, a czasem nie, ale też to, że nie przez cały czas uwaga jest skierowana na mnie. W konsekwencji uczę się dystansu — najpierw w patrzeniu na parę rodziców, a potem w innych sferach, na przykład w sferze intelektualnej. Gdy ktoś mi opowiada, że podobał mu się film, który ja nieszczególnie cenię, to nie unoszę się, tylko biorę to za jego pogląd. Coś się dzieje, a ja mogę to oglądać i przeżywać jednocześnie. I nie burzy to mojego spokoju, umiem pomieścić w sobie własny pogląd i to, że ktoś może myśleć inaczej.

MARIA: W pewnym sensie rozwój edypalny dokonuje się w nas do końca życia. Bo to jest rezygnacja z naszej części narcystycznej — oczywiście nie tej zdrowej, tylko tej, która by chciała górować, triumfować, mieć władzę. Akceptując rzeczywistość trójkątnej relacji, orientuję się, że świat nie należy do mnie. I choć rodzice mówią: „Jak będziesz chciała, możesz wszystko" — to przecież nie jest prawda.

Mam wrażenie, że rodzice dziś nie chcą puszczać dzieci, spowalniają ten etap.

MACIEJ: Dziś bardzo powszechne jest mocne skupianie się na dzieciach, co powoduje, że dbanie rodziców o siebie schodzi na dalszy plan. I to może być nie tylko duża strata dla pary, ale też ciężar dla dzieci, bo one potrzebują wzorca współpracy, namiętności i czułości między rodzicami.

To nawet widać w tym, jak rodzice dziecka do siebie mówią: zapominają o imionach, mówią per mama i tata.

MARIA: Pracowałam kiedyś w przedszkolu jako psycholożka i pamiętam, jak dzieci tworzyły pierwszy rysunek rodziny — niektóre nie znały imion swoich rodziców. Pytałam: „A jak tata mówi do mamy?". „Mama" — odpowiadały. Brakowało separacji już na poziomie narracji, nazywania, nie mówiąc o myśleniu. I kiedy przypominam sobie różne nasze pary, to przykładów na to, że ten trójkąt nie powstał, jest bardzo dużo: sypialnia nie jest zamknięta przed dziećmi, a wręcz dziecko jest tam dopraszane. Mieliśmy parę, w której ojciec spał z córką w jej pokoju...

MACIEJ: Bo córka jest mała i tego potrzebuje.

MARIA: A synek jest jeszcze mniejszy i potrzebuje mamy, więc śpi z nią w sypialni. Ojciec jest wyekspediowany do córki, tam ma swój materac.

Odwrócenie ról.

MARIA: I to wcale nie jest rzadkie. Jedno dziecko jest bardziej moje, a drugie twoje. To iluzja, niezdrowa dla dzieci, że można w ten sposób sobie kompensować jakiś brak — cały czas realizujemy się w diadzie, a nie w trójkącie. Jakbyśmy nie byli w stanie kochać dziecka i jednocześnie partnera, w adekwatny do każdej z tych relacji sposób.

MACIEJ: Większość z nas we wczesnych etapach rozwojowych doświadczyła jakichś trudności w relacji z rodzicami. Ten model się dziedziczy. Partnerzy, którzy tak się zachowują, mogli być emocjonalnie zależni od swoich matek albo sparentyfikowani, czyli pozostawali pod naporem pewnych oczekiwań rodzica. Nie mogli zaobserwować, że ich rodzice są parą. Wielu z naszych pacjentów mówi, że rodzice nie okazywali sobie czułości, nie spali razem — być może nie mieli życia intymnego.

MARIA: Dlatego nie mają uwewnętrznionej pary, nie obserwowali jej w domu. Nie wiedzą, jak być parą.

MACIEJ: Wychodzi na to, że wolimy być w diadzie, a nie w trójkącie, ale bywa też odwrotnie — trudno nam być w diadzie i potrzebujemy trójkątów. Czyli zapraszamy trzeci element do pary po to, żeby za bardzo się nie zbliżać. To może być romans, zdrada, ale też praca, jakaś pasja. Albo właśnie nadmierne skupianie się na dziecku.

Ale to chyba nie zależy od nas, prawda? Wchodzimy w relacje raczej nieświadomie.

MARIA: Czasem przychodzi do nas para i zastanawiamy się, jak to możliwe, że partnerzy tak się dobrali. A oni korzystają z wzorców z rodzin pochodzenia — on miał kontrolującą matkę, a teraz jest tak skontrolowany przez żonę, że nie ma nawet swojego konta, bo ona trzyma całą kasę. Tak można rozumieć dobór na zasadzie podobieństwa — wybieramy to, co znamy, bliską ciału koszulę. Pracowałam kiedyś z pacjentką, która pomimo całej swojej świadomości, wielu przeczytanych książek, co chwilę wchodziła w związek, który okazywał się zawsze tak samo toksyczny. Miała matkę, która piła, i właściwie wszyscy jej partnerzy byli uzależnieni. Od alkoholu albo od narkotyków.

Czy ona to widziała?

MARIA: Widziała, ale nie mogła tego powstrzymać! Jak było pięciu facetów w klubie, to ona zawsze wyłowiła tego uzależnionego. Kręciło ją najbardziej to, co znała. Więc najpierw starała się bardzo trzymać w ryzach, żeby nie rzucać się na tego, który jej się podobał. Mówiła: „Dobra, dam szansę temu, który będzie najnudniejszy". Spędzała z nim wieczór, a potem i tak wychodziła w towarzystwie tego, który nie rokował, ale odpowiadał schematowi.

MACIEJ: Jedna siła to powtarzanie schematów — podświadomie szukamy tego, co jest nam znane. A druga — wejście w ten schemat, które daje nam możliwość przepracowania go, czyli zmiany. Nie możemy wejść w coś, czego nie znamy, ale przy pewnym poziomie świadomości możemy przejść przez to jak w grze: jeśli osiągniesz pewien poziom, to na następnych jest ci łatwiej. Natomiast jeśli rozwój jest zatrzymany, powtarzasz ten sam scenariusz, krążysz. Mało tego — on jest przekazywany z pokolenia na pokolenie.

MARIA: Przymus powtarzania jest bardzo silny. I bywa destrukcyjny.

Ale działanie w kontrze też, bo ciągle się tkwi w tym schemacie. Tylko z drugiej strony.

MACIEJ: Czasem te wzorce nie są wcale takie proste, wchodzi się w nie na zasadzie zaprzeczenia. Znam osobę, której rodzice byli stabilną parą w takim sensie, że nigdy się nie rozstali. Ale też nigdy nie byli szczęśliwi. I ona jest teraz po czterdziestce, w małżeństwie, w którym jest bardzo duży dystans, i jednocześnie ma dwóch kochanków. Jednego daleko, drugiego blisko.

I to jest zupełnie inne od tego, co miała w domu. A jednocześnie to jest to samo. Bo tam miała stłumienie pewnych potrzeb w relacji, a tu ma rozhamowanie. Ale w obu scenariuszach jest dystans, nie ma prawdziwej bliskości i partnerstwa.

MARIA: Próbując nie powtarzać schematu, właśnie go powiela.

MACIEJ: I ciągle jest w tym nieszczęśliwa.

MARIA: Przypomina mi się film *Tylko miłość* z Bruce'em Willisem i Michelle Pfeiffer, a w nim wspaniała scena, trochę łóżkowa, trochę niełóżkowa. Po romantycznej kolacji bohaterowie leżą w sypialni — i po jednej stronie łóżka są jej rodzice, a po drugiej jego.

I każdy chce coś powiedzieć!

MARIA: To się odtwarza na naszych sesjach. I tak jak próbujemy wyprowadzić z sypialni dzieci, tak samo próbujemy czasem zrobić z rodzicami pary.

MACIEJ: Dojrzała para musi być wyodrębniona z rodzin pochodzenia. Nie może być tak, że przyjeżdża teściowa i rządzi.

MARIA: Musi być położony emocjonalny akcent na to, co sami tworzymy w związku. Trzeba uznać, że to jest najważniejsze. Pracowaliśmy kiedyś z parą, w której mąż codziennie po pracy najpierw jechał na obiad do matki, a dopiero potem przyjeżdżał do domu i tam też jadł obiad, co zresztą mu nie służyło. Kiedy kłócił się z żoną, potrafił jej powiedzieć, że nie będzie z nią jadł, bo już spożył u mamy pyszne kotlety. W innej parze partner szczegółowo opowiadał mamie o swoim związku i był zaskoczony, że partnerka jest z tego powodu zła. Powiedział: „Ale co? Mam się nie kontaktować z matką? Przecież to dla mnie bardzo ważna osoba!". A ona mówi: „Możesz się z nią kontaktować, tylko nie mów o mnie! Nie opowiadaj o tym, co się dzieje między nami".

MACIEJ: Musi być wspólna przestrzeń — moje potrzeby, twoje i nasze. Weźmy ten wyświechtany przykład wakacji: jedno chce jechać tu, drugie tam, jedno chce uprawiać sporty ekstremalne, drugie leżeć na plaży. I może być tak, że jeśli para jest narcystyczna, to jedno z nich powie: „Ja chcę jechać w góry, a ty jedziesz ze mną". Albo: „To ty jedź na plażę, a ja w góry". No i wtedy nie mamy pary.

Są miejsca z górami i plażą.

MACIEJ: Pomysły mogą być różne — miejsce, w którym jest jedno i drugie, albo najpierw jedziemy na plażę, a potem w góry. Ale musi być otwartość myślenia, poszukiwanie rozwiązań. Czyli muszę być gotowy na to, że się do ciebie przystosuję, ale też zawalczę o swoje. Wiem, że ważne jest jedno i drugie.

Ale czy to nie jest kwestia elementarnej empatii? Mamy mały bagażnik w samochodzie, mimo to mój partner koniecznie chce zabrać gitarę. W kontekście logistycznym to beznadziejne, ale myślę: „No dobra, będzie się znacznie lepiej czuł, najwyżej nie weźmiemy kilku innych rzeczy".

MACIEJ: To jeden z wariantów. Drugi jest taki, że jedno się bardzo przystosowuje do drugiego. I to jest sztywne. Albo przystosowuje się, ale z poczuciem straty. Ewentualnie jedziecie na dwa samochody. Albo twój chłopak jedzie samochodem, a ty pociągiem.

Albo ja gdzie indziej. W takiej sytuacji.

MACIEJ: Najlepiej szukać rozwiązania uwzględniającego potrzeby obojga. Bo rozumiem, że czasem ty zrezygnujesz z jakichś rzeczy, a czasem on z gitary. Potrzebne są zaufanie oraz wspólna praca nad tym, uzgadnianie tego. Para dojrzała ma zdolność do podejmowania wspólnych decyzji, wiążących się z zobowiązaniami wobec siebie. Szczególnie trudne bywa to wtedy, gdy para jest częścią rodziny patchworkowej.

MARIA: Terapeuci mogą być pierwszymi osobami, które widzą parę we wspólnocie i jednocześnie dostrzegają indywidualność partnerów. Poza tym my też jesteśmy parą! Terapeutyczną.

Para, która przychodzi do gabinetu, widzi parę. I my też podczas sesji czasem myślimy podobnie, a czasem zupełnie inaczej.

To, że jesteście na sesji we dwoje, ułatwia wam pracę?

MARIA: Bardzo! Ja wolę być w parze, pomaga mi to w myśleniu. Dla mnie to jest korzystne, że mam obok drugi umysł, mogę więcej zobaczyć, usłyszeć, mogę się też na koterapeucie oprzeć. Poza tym są pary, którym jeden terapeuta nie wystarczy. Każde z nich potrzebuje obiektu dla siebie, wiąże się bardziej z jedną osobą. Czujemy na przykład, że ktoś jest bliżej Maćka, a mnie chciałby wykluczyć.

MACIEJ: Kiedyś jeden pan powiedział: „Pani taka atrakcyjna, a pan jest gbur".

MARIA: W niektórych parach pani spija słowa z ust Maćka i nawet kiedy ja coś wtrącę, to ona potem jest przekonana, że Maciek to powiedział.

MACIEJ: Właśnie sobie uświadomiłem, że pracując w parze, muszę wyjść ze swojego narcyzmu: jak jestem sam, to mam swoją koncepcję i mogę ją zastosować po swojemu. A tu jest koterapeutka, która może mieć zupełnie inne odczucia, inny pomysł.

MARIA: Czasem po sesji jesteśmy rozszczepieni — ja na przykład wychodzę pełna niepokoju i złości, a Maciek wyluzowany, spokojny. I o czym to świadczy?

MACIEJ: O tym, co się dzieje w parze.

MARIA: Może być tak, że to partnerzy są bardzo rozszczepieni, nie ma między nimi możliwości wyrażania sprzecznych, różnorodnych uczuć.

MACIEJ: W pracy w parze terapeutycznej dobre jest też to, że jest spokojniej, bezpieczniej. Mogę sobie trochę odpuścić, obserwować parę w rozmowie z drugim terapeutą. Mogę się wyłączyć, ale nie w takim sensie, że…

...myślisz o obiedzie.

MACIEJ: Nie odlecieć, tylko patrzeć. A jak jestem sam, to nie mogę. Poza tym muszę się też dzielić z drugim terapeutą.

MARIA: Przestrzenią.

MACIEJ: Myśleniem.

MARIA: Bywa różnie.

MACIEJ: Nie zawsze jesteśmy zgodni, to czasem zaskakuje.

MARIA: Ale to jest zasób, tylko na tym korzystamy. Więc bilans w naszej parze wychodzi raczej na plus.

MARIA ZAPOLSKA-DOWNAR, psycholożka, psychoterapeutka rodzin i par. Prowadzi Warszawski Instytut Psychoterapii. Jest członkinią Sekcji Naukowej Terapii Rodzin Polskiego Towarzystwa Psychiatrycznego.

MACIEJ ŻUREK, psychoterapeuta, superwizor aplikant Polskiego Towarzystwa Psychiatrycznego. Sekretarz Zarządu Sekcji Naukowej Terapii Rodzin Polskiego Towarzystwa Psychiatrycznego. Związany z Warszawskim Instytutem Psychoterapii i Kolektywem Terapeutycznym Psychologgia.

Zwrot akcji

O bliskości
Rozmowa z Katarzyną Monetą-Spyrą

Jest się czego bać?

Oczywiście! Bo bycie blisko niesie ogromne ryzyko — żeby zbudować intymną relację, musimy się odsłonić. Pokazać wnętrze, swoją najdelikatniejszą stronę.

Odsłonić brzuch.

Jest na to angielskie słowo, które trudno precyzyjnie oddać w języku polskim: *vulnerability*, oznaczające podatność na zranienie, pokazanie wrażliwej części. Odsłonięcie i pokazanie się drugiej osobie jest konieczne, żeby być blisko. A jednocześnie budzi strach, bo można zostać zranionym.

Mam wrażenie, że lękiem przed bliskością czy unikaniem jej można dziś wytłumaczyć każde, najczęściej niezbyt empatyczne, zachowanie.

Nie lubię tego określenia, wydaje mi się zbyt szerokie, każdy rozumie je inaczej. W gabinecie często pada jako zarzut. Żona mówi na przykład: „No przecież mój mąż boi się bliskości". W domyśle: „Proszę coś z tym natychmiast zrobić!".

Co taka osoba zwykle ma na myśli?

Zgłębiamy to podczas terapii. Na pewno nie można się zatrzymać na tym stwierdzeniu. Jeśli ktoś mówi, że partner boi się bliskości, przeważnie chce przekazać, jak mu z nim trudno. Coś w stylu: „Stawiasz mur, nie mogę się przez niego przebić, widzę, że coś się z tobą dzieje, ale nie mówisz, o co chodzi, więc nie wiem, co robić. Znikasz, zamykasz się, pijesz, wychodzisz bez słowa z domu...".

Wszystko to są formy ucieczki.

Raczej sposoby radzenia sobie z brakiem kontaktu emocjonalnego. Jeśli nie jesteśmy w stanie regulować systemu nerwowego w kontakcie z bliską osobą, szukamy regulatorów na zewnątrz. Osoba, która mówi o lęku przed bliskością u swojego partnera, zwykle ma nadzieję, że jest po dobrej stronie mocy. I żywi przekonanie, że terapeuta też będzie po jej stronie, bo przecież chce, żeby para była blisko. Dlatego ta druga strona może bać się terapii, myśleć: „Terapeutka z żoną będą chciały mnie teraz kontrolować, zapraszać do czegoś, czego się boję, co bardzo mnie przytłacza". W terapii par koncentruję się na przywiązaniu, które pozwala mi zrozumieć i stawiać hipotezy, co się między nimi dzieje. Jak się trochę popracuje z parami, to można powiedzieć, że dziewięćdziesiąt dziewięć procent z nich przychodzi do gabinetu z czymś podobnym, tylko w różnych odsłonach.

Czyli z czym?

Z brakiem poczucia bezpieczeństwa. Na wierzchu są kłótnie o pieniądze, teściów, sprzątanie i metody wychowawcze, a pod spodem panika związana z zagrożeniem utraty najważniejszej więzi.

Rozumiem, że pary przychodzą do pani w skrajnych emocjach.

To paradoksalnie lepszy znak: jeśli para się kłóci, to oznacza, że partnerzy przynajmniej na siebie reagują. Można powiedzieć, że walczą o związek, że jeszcze im na tej relacji zależy. Niestety konsekwencją tej walki są rany, ból i jeszcze mniejsze poczucie bezpieczeństwa.

Błędne koło.

Bywa trudniej, jeśli na pierwszym planie jest dystans, partnerzy siedzą zamrożeni, plecami do siebie, i milczą. Wtedy zaczynam się zastanawiać, czy nie jest za późno.

Mimo to próbuje pani działać?

Próbuję współpracować z parą, żeby to sprawdzić.

Nie mówi im pani podczas drugiej sesji: „Przepraszam bardzo, ale uważam, że jest już za późno"?

Nie jestem tu wyrocznią, na szczęście rzadko się zdarza, że jest za późno. Powiem więcej: wydaje mi się, że ludzie za szybko się rozstają. Zwłaszcza że nawet przez najgorszy kryzys da się przejść, choć może się wydawać, że to kontrowersyjna teza.

Raczej pocieszająca.

Na początku parze, która przychodzi tu poraniona — po licznych albo długotrwałych zdradach — trudno przyjąć, że kryzys to pobudka dla ich związku. Najczęściej jedno się orientuje, że dłużej tak nie może być. I zwrotnica się przestawia, robi się miejsce na myśl, że albo pracujemy nad związkiem i coś zmieniamy, albo musimy się rozstać, bo za chwilę to będzie nie do zniesienia. Często dzięki wspólnej pracy ludziom się udaje i naprawdę związek staje się lepszy.

Dlaczego pary zbyt szybko się rozstają? Z czego to wynika?

Co najmniej połowa z nas reprezentuje pozabezpieczny styl więzi. A to oznacza, że jeśli spotkają się dwie takie osoby, szybko robi się trudno. Pojawia się dużo gwałtownych, czasem destrukcyjnych zachowań: kłótnie, zdrady, uzależnienia, przemoc — następuje eskalacja i przynajmniej jedna osoba zaczyna czuć, że musi się uwolnić, bo nie da się tego wytrzymać.

Kulturowo też jesteśmy zachęcani do tego, żeby raczej szukać drugiej połówki, niż budować długotrwałą relację.

Tymczasem obserwując daną parę, można przypuszczać, co się będzie dalej działo między partnerami. To, jak ludzie zareagują na zagrożenie związane z utratą więzi, jest przewidywalne. Wiemy to z badań nad relacjami matek z niemowlakami. W latach 70. XX wieku przeprowadzał je m.in. Edward Tronick, amerykański psycholog rozwojowy. Widziała pani jego eksperyment *Still Face*?

Tak, do tej pory mam ciarki na samo wspomnienie.

Matka siedzi naprzeciwko niemowlaka, odpowiada na jego gaworzenie, uśmiecha się, patrzy na wskazany przez niego punkt, krótko mówiąc: reaguje na wszystko, co on robi. Po jakimś czasie odwraca się, potem znów patrzy na niego, ale unieruchamia twarz. Przestaje reagować.

Dziecko dwoi się i troi, próbuje wszystkiego, żeby tylko matka zaczęła odpowiadać.

Najpierw protestuje, potem szuka kontaktu, złości się, krzyczy, a gdy to nie działa, zamraża się, rezygnuje. Gdyby brak reakcji matki trwał dłużej, nastąpiłoby wycofanie zaangażowania dziecka. Pary zachowują się podobnie. Z tej perspektywy kłótnia to etap protestu, walki o więź. Nawet jeśli jedna osoba krzyczy, a druga pozornie ją ignoruje, to zwykle się boi, że jeśli zacznie reagować, tylko zaogni sytuację, bo takie ma doświadczenie. Dlatego woli milczeć.

Próbuje chronić partnera. I relację.

Tak, to jej sposób walki o więź, niestety przeciwskuteczny, i co gorsza — zupełnie nieczytelny dla partnera. Bo im uporczywiej ta osoba milczy, tym mocniej będą eskalowały emocje partnera, a on będzie miał poczucie, że wali głową w ścianę. Z kolei osoba, która się zamyka, czuje się atakowana, więc wznosi coraz wyższy mur. Powstaje błędne koło, partnerzy nie mogą z niego wyjść. I zwykle, gdy już trafiają do gabinetu, zgłaszają problem z komunikacją, tylko w innym sensie, niż ja go rozumiem. Bo dla mnie to nie tylko słowa i gesty, ale przede wszystkim komunikowanie sobie tego, co jest pod powierzchnią. To, czy para jest w stanie mówić o głębszych przeżyciach. Czyli nomen omen: być bliżej.

Czym właściwie jest bliskość?

Żeby relacja była bliska, musi być bezpieczna. Nie da się tego rozdzielić. To znaczy, z jednej strony powinna być dla nas bezpieczną przystanią, do której wracamy z wielkiego świata — pracy, podróży, ze spotkań z innymi ludźmi. A z drugiej strony — bezpieczną bazą, z której możemy w ten świat wyruszać. Tak jak kolana matki, z których kilkulatek schodzi i rusza na plac zabaw. Bez lęku, że nie będzie do kogo wracać.

Nie da się uniknąć analogii z matką?

Nie bardzo, ponieważ więzi emocjonalne z pierwszym, głównym opiekunem kształtują nasze funkcjonowanie w bliskich relacjach. W dorosłości najważniejszą osobą w kontekście przywiązania najczęściej jest partner. Im bezpieczniej jesteśmy z nim związani, tym bardziej jesteśmy autonomiczni — elastyczniej możemy poruszać się między zależnością a niezależnością.

Unikanie zależności może wynikać z lęku przed bliskością?

Oczywiście. Mogę się obawiać, że jeśli za bardzo się zbliżę, to już stamtąd nie wyjdę, będę uziemiona, przytłoczona, pod kontrolą. Nie ruszę dalej. Tymczasem w zdrowej relacji współzależność jest konieczna. Wiem, że kogoś potrzebuję, i mogę się przy nim bezpiecznie czuć. Kiedy zacznie się coś dziać, mogę się do niego zwrócić i on będzie otwarty, dostępny i jeszcze na to zareaguje, odpowie — nie przewróci oczami i nie wyjdzie z pokoju. Co oznacza, że jest zaangażowany, chce być ze mną w relacji, budować ją. Nie mam poczucia zagrożenia, że mnie opuści. To podstawa bezpiecznej relacji, czyli bliskości.

Ale żeby budować bezpieczną więź, trzeba zdawać sobie sprawę z własnego procesu emocjonalnego.

Wiemy, co czujemy, czego potrzebujemy, za czym tęsknimy, co lubimy — do tego jesteśmy w stanie o tym mówić w jasny, konkretny sposób, zrozumiały dla partnera. Poza tym potrafimy dawać i wyrażać miłość, ale też ją przyjmować, być wrażliwym na sygnały z drugiej strony.

Na każdym z tych poziomów mogą być trudności, jakaś blokada.

Możemy nie wiedzieć, co się w nas dzieje, nie umieć tego nazwać. Albo wiedzieć, ale nie potrafić tego wyrazić. Ewentualnie nie umieć się kimś zaopiekować, nawet jeśli czujemy miłość. Możemy też wszystko to umieć i robić, ale nie potrafimy przyjmować tego samego od partnera. To często widać w gabinecie — odbywa się bardzo intymna rozmowa i na przykład kobieta, po długim czasie, w końcu zaczyna rozumieć, o co jej właściwie chodzi, co kryje się pod jej złością, i mówi: „Jak się ode mnie odwracasz, kiedy cię o coś proszę, czuję się pominięta i nieważna. Jeśli akurat nie możesz mi pomóc, daj jakiś znak, powiedz przynajmniej: «Wiem, że jesteś zdenerwowana, nie mogę ci teraz pomóc, ale widzę cię, daj mi chwilę, zaraz do ciebie wrócę»". Ona ryzykuje, odsłania się, a druga strona nie czyta tego i odpowiada: „Tak? Ale ja tego samego od ciebie nie dostaję".

Gdyby te słowa padły w ich domu, rozmowa byłaby zakończona.

Problem polega na tym, że te sygnały są wysyłane na dwóch różnych częstotliwościach: jedna strona coś mówi, a druga odbiera coś zupełnie innego. W tym wypadku mężczyzna mógł poczuć, że partnerka znów ma do niego pretensje, atakuje go, więc zaczął być defensywny. Każdy działa zgodnie ze swoim procesem myślowym i emocjonalnym, czyli zupełnie innym niż u tej drugiej strony, i zaczyna się eskalacja, która prowadzi nie tylko do awantury, ale też do umacniania każdej ze stron we własnych przekonaniach na temat partnera. W gabinecie terapeuta może to zatrzymać, powiedzieć „stop", i razem z parą zastanowić się, co się właściwie stało.

Gdyby jedno znało częstotliwości drugiego, nie byłoby problemu.

Potrzebne jest dostrojenie. Pod trudnymi zachowaniami zwykle kłębią się pierwotne emocje, intencje i potrzeby, które są uniwersalne. I ludzkie. Być akceptowanym, kochanym, ważnym. Jeśli to nie wybrzmiewa, zaczynają się problemy w komunikacji. Terapeuta może pomóc zrozumieć, że komunikat: „Znowu nie rozładowałeś zmywarki", oznacza: „Obawiam się, że nie jestem dla ciebie ważna". Ludzie strasznie w tym cierpią. Od słowa do słowa para utyka w sztywnej, podsycanej silnymi emocjami pętli sprzężeń zwrotnych, w negatywnym cyklu, którego sama nie potrafi zatrzymać.

Czasem nie potrafi go nawet zauważyć.

A jeśli taki cykl trwa długo, partnerzy stają się bardzo reaktywni: lekkie zmarszczenie brwi wystarczy, by druga strona poczuła się odrzucona albo wzgardzona i zareagowała złością, pretensjami, mimo iż ta, która zmarszczyła brew, w ogóle nie miała takiej intencji! Zwykle przebiega to błyskawicznie, niezauważalnie, przez jakiś drobiazg wybucha kłótnia. W gabinecie staramy się spowolnić ten proces po to, żeby zrozumieć, kto na kogo jak zareagował, jakie miał intencje i jak został zrozumiany.

Reakcje wynikają ze stylu przywiązania?

Z teorii przywiązania Johna Bowlby'ego i badań, które później były prowadzone, wiemy, że znacznie większą szansę na zbudowanie bliskiej relacji mają ci, którzy w dzieciństwie mogli komuś ufać. Czyli mieli opiekuna, który był dostępny, responsywny i zaangażowany w relację, dzięki czemu mogą iść w świat, ufając sobie i ludziom. Wykształcili bezpieczny wzorzec przywiązania. Mają przekonanie, że są warci miłości, a bliski człowiek jest przewidywalny. Nie boją się ciągle, że zniknie bez zapowiedzi, zawstydzi, wyszydzi albo porzuci.

Dlatego bez obaw mogą się angażować w bliskie relacje.

Natomiast u osób, których opiekunowie byli nieprzewidywalni, reagowali niezbyt konsekwentnie albo byli niedostępni — fizycznie lub emocjonalnie, wykształca się jedna z dwóch strategii: lękowa albo unikająca. Bliskość i lęk są tak splecione, że trudno je rozdzielić. Na pewno zna pani osoby, które świetnie radzą sobie w pracy czy na gruncie towarzyskim, a jest im trudno w najbliższych relacjach. Bo tam jest najwięcej tak zwanych wyzwalaczy, silnych emocji — uaktywnia się pierwotna strategia przywiązaniowa. Najwięcej cierpienia niesie sytuacja, w której dziecko nie znalazło sposobu na to, żeby być z rodzicem, dostać od niego opiekę i miłość, ponieważ w ich relacji było za dużo chaosu. W konsekwencji wykształca się zdezorganizowany styl przywiązania.

To on sieje największe spustoszenie.

Osoby, które doświadczyły traumy w związku z najbliższym opiekunem — gdy był on jednocześnie źródłem ukojenia i lęku — są bardzo nieufne. W skrócie: myślą, że nie są warte miłości, a inni ludzie nie są godni zaufania. Obrazuje to inny eksperyment, wymyślony przez Mary Ainsworth: w pokoju jest matka, bawi się z dzieckiem, wychodzi i po jakimś czasie wraca, a na podstawie reakcji dziecka bada się jego styl przywiązania. Na jednym z filmów dziewczynka, która ma styl zdezorganizowany, widząc wchodzącą do pokoju matkę, biegnie do niej, ale w połowie drogi się zatrzymuje, odwraca tyłem, zastyga i zaczyna się cofać. To pokazuje ogromną ambiwalencję.

Pierwszy odruch, żeby do niej biec...

Bo to matka, ale nagle dziewczynce coś się przypomina — zastyga w pół kroku i się odwraca. Pojawia się lęk. Dokładnie to samo dzieje się w parach: osoba, która ma styl zdezorganizowany, wysyła bardzo nieczytelne sygnały. Daje znać: „Potrzebuję dużo dowodów miłości, żeby poczuć się bezpiecznie, ponieważ trauma sprawiła, że nikomu nie ufam". Ale gdy partner jej to oferuje, odpowiada: „Odejdź, ja się tego boję. Zaufam ci i zaraz znowu się zawiodę. Skrzywdzisz mnie, nie mogę ci pozwolić podejść blisko. Muszę się chronić".

Jak to wygląda w gabinecie?

Jeśli wyobrazimy sobie partnerów zaangażowanych w terapię, to rozmowa między nimi wyglądałaby tak, że ona mówi ze łzami w oczach: „Jak go potrzebuję, to nigdy go nie ma, strasznie mnie to wkurza, w ogóle nie jestem dla niego ważna. Raczej mnie nie kocha". Na co on w końcu odpowiada : „To nie jest tak, że mi nie zależy, tylko ja się boję, że ta kłótnia będzie jeszcze większa, dlatego wolę nic nie mówić. Ale jesteś dla mnie ważna". A ona na to: „Ale ja ci nie wierzę, ty mną manipulujesz".

To ten moment, kiedy dziewczynka się zatrzymuje i zastyga.

Lęk przed bliskością to jest dokładnie ten moment zwrotu. Kiedy bliskość jest oferowana, natychmiast pojawia się ogromny lęk i włącza się alarm: „muszę się chronić". Poza stylem zdezorganizowanym są jeszcze dwie pozabezpieczne strategie: unikająca i lękowa. Tę pierwszą też można zobrazować na podstawie reakcji dziecka na powrót rodzica: ono jakby nie zauważa ani wyjścia matki, ani jej powrotu. Nie płacze, kiedy ona wychodzi, i nie cieszy się, kiedy wraca. Wydaje się obojętne, jakby nie przeżywało emocji.

Jest przekonane, że samo musi sobie radzić?

Że na opiekuna nie można liczyć. To dzieci, które prawdopodobnie już straciły nadzieję na to, że ich płacz, wołanie, okazywanie emocji przyniosą jakiś skutek. Z badań wiemy, że osoby z unikającym stylem przywiązania nie pokazują na zewnątrz, co się w nich dzieje, ale w środku są bardzo pobudzone. Jeśli mężczyzna siedzi podczas sesji jak głaz i nie reaguje, to mogę podejrzewać, że on bardzo dużo przeżywa i jednocześnie robi wszystko, żeby tego nie pokazać. W związku z tym jego żona może o tym nie wiedzieć, może mieć wrażenie, że jest obojętny. Wtedy pracujemy nad tym, żeby on spróbował zobaczyć, co się z nim dzieje. Często pierwszym krokiem jest zwrócenie uwagi na ciało takiej osoby.

Zamyka się fizycznie?

Robi wszystko, co ma na celu odłączenie się od emocji: nie patrzy w oczy, odwraca głowę, usztywnia się, zastyga. Czasem żartuje, idzie w racjonalizację, snuje rozbudowane dygresje, które mają za zadanie zabrać nas jak najdalej od meritum sprawy, czyli na przykład od poruszenia, które właśnie przeżywa. Chce odwrócić uwagę od emocji. W ostateczności mówi wprost: „Kiedy się skończy ta sesja? Dłużej tu nie wytrzymam". I to nawet ma sens, ponieważ tłumienie emocji jest bardzo kosztowne energetycznie. Dodam jeszcze, że osoby, które mają unikający styl przywiązania, nie wierzą, że partner odpowie na ich potrzeby.

Raczej je opuści.

Strategią przetrwania tych osób była w dzieciństwie samowystarczalność, nieokazywanie uczuć, bo to gwarantowało relację z rodzicem. Na pytanie: „Do kogo biegłeś, kiedy byłeś mały i coś ci się stało?", pada odpowiedź: „Do nikogo, radziłem sobie sam". Nic więc dziwnego, że taka osoba musiała schować głęboko potrzeby przywiązaniowe, zaprzeczyć, że potrzebuje czegoś od drugiej osoby. Musiała uznać, że emocje i więzi są nieważne, śmieszne, a skupianie się na nich świadczy o słabości.

A styl lękowy?

Ktoś o takim stylu przywiązania jest bardzo wyczulony na sygnały, które mogą świadczyć o odrzuceniu. Bardzo boi się opuszczenia, więc potrzebuje ciągłych zapewnień, że jest bezpieczny. Kiedy traci tę pewność, emocje eskalują, zmuszając partnera do reakcji. Pojawia się dużo złości. A w nawiązaniu do pokoju z eksperymentu — to będzie dziecko, które może mocno płakać, kiedy matka wychodzi, i któremu bardzo trudno się uspokoić, nawet kiedy matka wraca i zostaje.

Jak reaguje dziecko w bezpiecznej więzi?

Będzie smutne, może płakać, kiedy matka wyjdzie, ale kiedy wróci, ucieszy się, choć może też być złe, że w ogóle wyszła. W każdym razie szybko się uspokoi i wróci do swojego zajęcia. To jest autonomia, o której mówiłam: z bezpiecznej bazy, z kolan, idzie dalej. Natomiast dziecko lękowo przywiązane nie ma zaufania, że matka wróci po tym, jak wyszła. Bo bodźce powtarzane niekonsekwentnie najgłębiej zapadają w pamięć: możemy sobie wyobrazić relację z matką, która czasem opiekuje się dzieckiem z wielkim zaangażowaniem, ale ma depresję, na jakiś czas zapada się w sobie, więc z perspektywy dziecka znika. Dziecko jest wtedy zdezorientowane, bardziej zaabsorbowane tym, żeby zwrócić na siebie jej uwagę, złapać z nią kontakt.

Jak już się wdrapie na kolana, nie może z nich zejść. Musi jej pilnować.

A potem w parze dzieje się coś takiego: „ona mnie kontroluje". No, kontroluje, ponieważ chce sobie zapewnić poczucie bezpieczeństwa, szczególnie w momentach, kiedy partner emocjonalnie znika. Ale to moja myśl, para o tym nie wie. I jeszcze jedno: osoba z lękowym stylem przywiązania będzie siebie postrzegała negatywnie — jestem nieważna, niewarta miłości, nie do zaakceptowania.

Oczywiście żaden z tych schematów przywiązania to nie jest zamknięta grupa doświadczeń i przekonań na temat świata i ludzi, tylko całe spektrum, kontinuum — można mówić o pewnej tendencji, a nie zamkniętym zbiorze: Jak reagujemy, kiedy czujemy się zagrożeni w naszej relacji? Do czego mamy pierwszy impuls? Do tego, żeby się schować, uciec, przeczekać, czy zawalczyć? Tego uczymy się w naszych pierwszych relacjach.

Wszystko to jednak strasznie brzmi.

Tak?

Tak! Jakby nic od nas nie zależało. Nie mamy przecież wpływu na naszą pierwszą relację z głównym opiekunem.

Dobrze, że pani to powiedziała, bo ja nawet nie wpadłabym na tak pesymistyczną wizję! Oczywiście, przeszłości nie zmienimy, ale możemy zmienić jej wpływ na nasze życie teraz. Jeśli przy partnerze uda nam się przekroczyć własny brak, możemy pokonać też inne trudności.

Jakby ktoś dał nam drugą szansę.

Po tej pierwszej, z rodzicami. Widzę pary w ogromnych kryzysach, które z nich wychodzą, więc wiem, że styl przywiązania można zmienić. Można sprawić, że więź będzie bezpieczniejsza, a wtedy jest jakoś tak...

Bliżej?

Bliżej i bardziej miłośnie. Wszystko inne zaczyna się układać. Przychodzą pary, które narzekają na finanse, dzieci, teściów i zdrady, a w trakcie terapii okazuje się, że im jest bliżej i bezpieczniej, tym większa szansa, że te problemy, które były na wierzchu, same się rozwiążą. Może rysuję dla odmiany zbyt różową wizję, ale naprawdę jestem przekonana, że mam w ręce skuteczne narzędzie. Choć oczywiście nie zawsze się udaje.

W życiu prywatnym też je pani stosuje?

Gdy widzę, że komuś jest bardzo trudno, albo zdarza się jakaś zdrada w moim otoczeniu, to raczej będę tą osobą, która doradzi, żeby nie wykonywać gwałtownych ruchów, dać sobie czas. Z taką sugestią, że z tego można wyjść. Jestem adwokatką bycia razem.

Za wszelką cenę?

Nie.

Dlaczego pani się tym zajęła?

Odkąd pamiętam, słyszałam, że praca z parami jest strasznie trudna i wymagająca. A mnie bardzo ciekawiła. Zaczęłam szukać szkoleń, trafiłam na EFT, czyli skoncentrowaną na emocjach psychoterapię dla par, której w Polsce jeszcze nie było, więc jeździłam za granicę. I to mnie wciągnęło, wydało mi się potencjalnie możliwe do zastosowania, wsiąkłam po prostu. A poza tym chciałam lepiej zrozumieć swój związek, nawet nie będę się krygować.

Udało się?

Tak! Ta praca czasem przeszkadza we własnych relacjach, jednak częściej pomaga. Obserwowanie innych par, słuchanie tego, co mówią, jest bardzo ożywcze. W ogóle jest to satysfakcjonujące, szczególnie w momentach, kiedy dochodzi do poruszających wymian między partnerami. Mam wtedy poczucie, że jestem uprzywilejowanym świadkiem czegoś niezwykle pięknego, intymnego. Do tego stopnia, że mam ciarki, obserwując tak bardzo budujące i ludzkie doświadczenie.

KATARZYNA MONETA-SPYRA, psycholożka, psychoterapeutka, absolwentka Wydziału Psychologii i Wydziału Prawa na Uniwersytecie Warszawskim, a także podyplomowych studiów w London School of Economics z zakresu antropologii i pozasądowych metod rozwiązywania sporów. Prowadzi psychoterapię par, indywidualną oraz grupową. Całościowe szkolenie psychoterapeutyczne ukończyła w Laboratorium Psychoedukacji w Warszawie. Jest certyfikowaną psychoterapeutką i superwizorką Psychoterapii Skoncentrowanej na Emocjach dla Par (EFT), a także trenerką EFT w trakcie procesu certyfikacji. Założyła Polskie Centrum EFT, współtworzy i pracuje w Ośrodku Psychoterapii SpoTkanie w Warszawie.

Tajemnica

O ciekawości w związku
Rozmowa z Iwą Magrytą-Wojdą

Spotykamy się w walentynki. Jaki ma pani do nich stosunek?

Otwarty!

Naprawdę?

Tak. Sama nie przykładam do tego święta zbyt dużej wagi, ale jeśli chodzi o pary, które do mnie przychodzą, to one potrafią wyciągnąć z niego bardzo fajne rzeczy.

Jakie?

Dla niektórych walentynki bywają okazją do wspólnego świętowania, pretekstem, by postarać się o coś wyjątkowego, wręczyć kwiaty, ugotować coś dobrego. To święto jest dla nich takim rusztowaniem, na którym można oprzeć starania o bliskość i otwartość wobec drugiej osoby. Z kolei inne pary kompletnie temu zaprzeczają. Wielokrotnie spotkałam się w gabinecie z wyśmiewaniem i dewaluowaniem tego dnia.

Jak pani to rozumie?

Tak, że dana para czy osoba buntuje się przeciwko temu świętu jako czemuś narzuconemu z góry. Jakby zadawała pytanie: „Dlaczego mam świętować akurat tego dnia? Każdy dzień jest równie dobry".

„Jak ktoś jest zakochany, to ma święto każdego dnia" — mówiła moja polonistka.

Poza tym niektórych razi sztampowość upominków, symboli i promocji, cała ta komercja. Wolą coś wyjątkowego, dopasowanego tylko do nich. Krótko mówiąc, zależy im na indywidualnym porozumieniu z partnerem, a nie na czymś schematycznym, wymuszonym, opartym na konwenansie.

Zaskoczyła mnie pani — myślałam, że dość sceptycznie podchodzi pani do słowa „miłość".

Raczej niejednoznacznie, bo miłość w moim odczuciu oznacza różne rzeczy dla różnych ludzi. Myślę oczywiście przede wszystkim o pacjentach — z nimi prowadzę najgłębsze rozmowy o miłości.

To słowo często pada w gabinecie?

Często. Czasem jest tak, że para mówi: „Kochamy się", i ja to faktycznie widzę, rozumiem, o czym oni mówią. Troszczą się o siebie, znają nawzajem. Każde widzi siebie i tę drugą osobę. Ale czasem to gorące zapewnianie, że bardzo się kochają, jest kompletnie nieadekwatne, nie przystaje do tego, jak para się zachowuje, co opowiada. Choć gorąco wierzy, że to właśnie jest miłość. Poza tym walentynki to nie jest święto miłości, tylko zakochania. Miłość z zakochaniem jest związana, ale to jednak dwa różne stany. Ja się z zakochaniem zawodowo spotykam bardzo rzadko.

Można kogoś kochać, bez zaciekawienia tą osobą?

Zgodnie z moją definicją miłości nie.

Dlaczego?

Ciekawość czy chęć poznania drugiej osoby zapewnia wymiar człowieczeństwa. Nie traktujemy partnera jak przedmiotu, tylko jak osobę mającą w sobie tajemnicę, której nigdy do końca nie poznamy. Druga osoba się zmienia, dzięki czemu zaciekawienie może się nigdy nie skończyć. I to może uratować związek, bo wizja, że ktoś jest ciągle taki sam, zakłada nudę.

Niektórzy mówią o tym z rozrzewnieniem: „Rozumiemy się bez słów". Inni ze znudzeniem i lekką irytacją: „Nie musisz nic mówić, wiem, co myślisz".

Każdą parę pytam o to, co im się podobało w sobie nawzajem na samym początku. I w większości wypadków słyszę, że dobrze im się ze sobą rozmawiało. „Historia, którą opowiadał, była podobna do mojej, a jednak trochę inna, i to mnie zainteresowało: jak ktoś patrzy na to, co ja też przeżywam" — mówią. Większość par ma doświadczenie takiej ciekawości z początków relacji, która spowodowała, że zdecydowali się na związek. Problem pojawia się wtedy, kiedy to zaciekawienie się kończy, brakuje na nie przestrzeni.

Jakie to są momenty?

Wszystkie momenty zwielokrotnionego stresu. I zmęczenia. Sytuacje, które załamują zdolność wysokiego funkcjonowania psychicznego. Na przykład narodziny dziecka — dla wielu par to jest szok. Były dwie osoby, teraz nagle są trzy i jakoś muszą się zmieścić w tej samej przestrzeni fizycznej i psychicznej. Do tego dochodzi brak snu, zmęczenie, poczucie odpowiedzialności, lęk — trudno w takich warunkach zaciekawiać się partnerem. Niektórzy tę zmianę przechodzą łagodnie, inni nie. Wszystko zależy od pary i od tego, co partnerzy między sobą ustalili. Bo nie jest tak, że jak buja się dziecko, to nie można już rozmawiać z partnerem — można, tylko czasem psychicznie nie ma się na to przestrzeni, a fizycznie siły. Pojawia się tak duże zmęczenie, tyle zmartwień, że trudno zachować zainteresowanie, które miało się w stosunku do partnera wcześniej.

I co pewnie jest częste w takich sytuacjach: pojawia się rozczarowanie partnerem.

Związek jest przyzwyczajaniem się do rozczarowań — gdzieś to kiedyś przeczytałam i bardzo zapadło mi w pamięć. Kiedy się zakochujemy, myślimy, że tak już będzie zawsze — wszystko będzie idealnie, partner będzie doskonały, będziemy żyli razem długo i szczęśliwie. Ale mija czas, zaczynamy bardziej realnie patrzeć na drugą osobę, widzimy, że różni się od naszych fantazji, ale też od nas. I pewne rzeczy w niej kochamy, innych nienawidzimy, ale one nie znikną, więc jakoś musimy znieść to rozczarowanie.

Uspokajające podejście.

Inne sytuacje, które hamują ciekawość, to przeprowadzki, utrata pracy, choroba rodzica albo żałoba po nim. Może się też zdarzyć śmierć dziecka — czyli wszystkie sytuacje, w których więcej energii poświęcamy na to, żeby się pozbierać, niż na to, żeby się otworzyć na drugą osobę. I jeśli jedna strona w trudnej sytuacji opiekuje się drugą, jest w stanie zrezygnować z własnych potrzeb, to jest to zdrowa, dobra relacja. Gorzej, jeśli obie się w takim momencie sypią i nie mają zasobów, które mogą sobie nawzajem dać. Wtedy zaczyna się kryzys.

Ale wie pani, ja raczej nie spotykam par, w których jedna strona jest bardzo zaciekawiona drugą, a ta druga pierwszą zupełnie nie. To zwykle jest symetryczny brak, obie są podobnie niezaciekawione.

Po czym można poznać, że para jest sobą zaciekawiona?

Myślę, że widać to już na pierwszy rzut oka: patrzy pani na parę i widzi, czy to jest pewna całość, czy tylko dwie oddzielne osoby. Występują w pani świadomości razem czy raczej oddzielnie? Zdolność do zaciekawienia drugą osobą jest czymś, co każdy ma w swoim wyposażeniu, albo w tym momencie jej nie ma.

To poczucie bezpieczeństwa, że można trochę wychynąć ze swojego świata i zanurzyć się w poznawaniu czyjegoś.

Czym ta ciekawość właściwie jest?

Zdolnością każdej ze stron do tego, żeby nie trwać uparcie przy swoim punkcie widzenia, przy swoich normach, zasadach, przyzwyczajeniach. Tylko mieć odwagę i ochotę, żeby trochę z takiego myślenia wyjść i akceptować rzeczywistość, która może nam się czasem podobać, a czasem nie.

Skąd się bierze brak zaciekawienia?

Z braku poczucia bezpieczeństwa. Żebym była kogoś ciekawa, już w najwcześniejszym dzieciństwie musi się we mnie wykształcić poczucie, że jestem akceptowana, że jestem w porządku, wyglądam tak, jak powinnam, zachowuję się wystarczająco dobrze, wszyscy są ze mnie raczej zadowoleni. W dużym uproszczeniu: jeśli człowiek rośnie w takim przekonaniu, ma w sobie miejsce na innych ludzi.

Chodzi też o wielowymiarowy aspekt psychiki — z różnych powodów można się bać wchodzenia w głębsze relacje, mieć trudności z tworzeniem więzi, ale można też nad tym pracować, zmieniać to.

Można się zaciekawiania nauczyć, jakoś je wykształcić?

Jestem głęboko przekonana, że po to jest właśnie psychoterapia — par, ale też indywidualna, żeby uczestniczące w niej osoby mogły doświadczyć tego w gabinecie. Terapia nie służy jednak temu, żeby komuś ciekawość wytłumaczyć czy zwrócić mu na nią uwagę, tylko pacjent musi ją przeżyć.

Terapeuta zaciekawia się pacjentem?

Pokazuje, jak to jest być w bezpiecznej relacji. Myślę, że to problem naszych czasów: ludzie nie czują się bezpiecznie na podstawowym poziomie. Wiele osób w gabinecie mówi, że ma poczucie niskiej wartości, a to się wiąże z brakiem poczucia bezpieczeństwa.

Jak zachowują się pary, u których tej ciekawości brakuje?

Pary, które nie są zaciekawione, to często te, które głośno krzyczą albo mówią tak dużo, że trudno im przerwać. I zawsze mam nadzieję, że to stan przejściowy, spowodowany jakąś zewnętrzną sytuacją, która chwilowo wytrąca ich z równowagi, ale potem można do niej wrócić i ją spokojnie omówić. Co nie zmienia faktu, że jeśli mam sesję z parą, która krzyczy, jedna strona oskarża drugą o kłamstwa, wymieniają się wyrzutami: „Ty mnie nie słuchasz, zamknij się na chwilę, daj mi powiedzieć, ja teraz mówię, nie przerywaj mi!", to po godzinie takiej sesji wyczołguję się z gabinetu.

Co z parami, u których pojawia się zaciekawienie?

Obserwuję, że to się dzieje naturalnie, kiedy para jest w terapii długo, to znaczy jeśli jest w stanie przez długi czas mieć nadzieję na poprawę i utrzymać się w terapii. I nawet jeśli partnerzy zaczynają od kłótni, to potem przechodzą do sytuacji, w której potrafią rozmawiać, słuchać, powstrzymać się od tego, żeby cały czas coś chcieć wytłumaczyć, przedstawić swoją rację i mieć ostatnie słowo. Praca z takimi parami jest przyjemniejsza, mniej wyczerpująca, poza tym lepiej rokuje. Bo przecież nie jest tak, że podczas terapii leczy się parę z konfliktów i przygotowuje do tego, żeby w ogóle przestała się kłócić. Jakieś rysy zawsze będą.

Poza tym w kłótni chyba nie ma niczego złego, zależy, co się potem z nią zrobi.

To jest chyba ta różnica między parami, które są zdolne do zaciekawienia, i tymi, które nie są: w czasie kłótni, nawet bardzo gorącej, można mieć taką wizję czy poczucie, że ostatecznie jesteśmy parą i zaraz się pogodzimy. Wszystko można wykrzyczeć, ale później wciąż być razem, nawet jeśli pojawi się jakaś zadra. Ale czasem, kiedy para jest kompletnie wytrącona z równowagi albo kiedy jest na tyle zaburzona, że nigdy nie było między partnerami dobrego połączenia, każda kłótnia wywołuje myśli o rozstaniu, o końcu relacji.

Rozstają się po każdej kłótni?

Albo w trakcie. Można się uśmiechnąć, tak jak pani teraz, bo to jest śmieszne, kiedy obserwuje się to z boku. Ale kiedy wyobrażam sobie, co ludzie wtedy czują, to jest to przerażające. Co chwila wali się grunt pod nogami, już nie wiadomo, gdzie się jest, gdzie się mieszka, z kim się jest.

Pani przerywa te kłótnie?

Tak, w którymś momencie trzeba to zatrzymać. Niektóre pary mają swój górny limit, inne nie. Byłam uczestnikiem takich sytuacji, w których ktoś wstał, rzucił krzesłem i wyszedł, trzaskając drzwiami. Padały też takie słowa, że do dziś żałuję, że do tego dopuściłam. Z drugiej strony zdaję sobie sprawę z tego, że pary niekiedy właśnie po to przychodzą: żeby nie robić tego w domu.

Kłócą się inaczej, łagodniej?

Liczą na to, że w gabinecie będą mieć bezpieczne warunki, że będzie tu ktoś taki jak rodzic, który rozdziela kłócące się rodzeństwo. I że będzie można bezpiecznie poczuć się z napadem furii, że nikomu nie zrobi to krzywdy. I oczywiście można spojrzeć na to tak, że to tylko godzina w tygodniu, ale myślę, że w pamięci zostaje ślad, że jest takie miejsce, w którym można rozmawiać i się nie pozabijać. Czasem te pary naprawdę są w koszmarnym stanie.

O co najczęściej się kłócą?

Właściwie to wszystko jedno. To, o czym mówią, to zwykle coś innego niż to, o co im chodzi. Jeśli się kłócą o nieodłożone na miejsce kubki albo skarpetki, nie chodzi przecież o kubki ani skarpetki, tylko na przykład o szacunek, o zauważanie potrzeb drugiej osoby czy zdolność do akceptacji tego, że nie musi być po mojemu. Czasem, jak uda mi się przyjąć perspektywę obserwatora, to sobie myślę: „Kurczę, czy naprawdę te skarpetki nie mogą tam leżeć?". Logiczne byłoby myślenie, że rzeczywiście nie mogą, bo dlaczego mają leżeć na podłodze. Ale przecież równie dobrze mogłyby leżeć.

Jedna z moich koleżanek, żeby nie rzucać skarpetek na podłogę, zostawiała je trochę nad podłogą, powiedzmy: na futerale od gitary, na jakimś pudełku albo mikrośmietniczku. Doprowadzając oczywiście do szału swoją partnerkę.

Bo przyjmujemy w społeczeństwie, że to jest złe. Ale może jednak jakaś para mogłaby ustalić taką zasadę, że skarpetki leżą wszędzie. Trzeba to jakoś wynegocjować, co może leżeć w każdym miejscu, a co nie. I dlaczego się tym w ogóle przejmujemy, czy to jest aż tak ważna rzecz? Te skarpetki. Niech sobie leżą.

Kłótnie to wyznacznik zaciekawienia partnerem?

Można się kłócić i zupełnie nie być zaciekawionym. Ale najczęściej jest tak, że to pary niezaciekawione się ze sobą nie kłócą. Pytanie dlaczego, bo para powinna się spierać, konfliktów nie da się przecież uniknąć. W takim sensie, że ktoś chce coś zrobić inaczej niż jego partner. I oczywiście można o tym spokojnie rozmawiać, ale to nadal jest konflikt. Czasem przychodzą jednak pary, które mówią, że tych konfliktów nie mają. A zarazem narzekają, że bardzo się od siebie oddaliły.

O co w tym oddaleniu chodzi?

Że nie można być razem, bo trudno przyjąć to, że trzeba się dostosować. Zrezygnować z czegoś, coś przeformułować. Znaleźć przestrzeń, przynajmniej częściowo — dla kogoś, czyli wycofać się ze swojej, poświęcić się. Wiem, jak bardzo to słowo jest dziś niepopularne.

Też go nie lubię.

Myślę, że to jest konieczne: żeby być w dobrym związku, trzeba dużo z siebie dać. A jednocześnie trzeba dużo oczekiwać, inaczej związek się rozpada.

Terapeuci czasem mówią, że jeśli jest kłótnia, to jest jeszcze jakiś żar, są emocje, więc jest co ratować.

Są kłótnie i kłótnie. Czasem to rzeczywiście żar i emocje, a czasem odgrywanie nienawiści, teatr. Są pary, które tkwią w związku tylko po to, żeby móc odgrywać scenariusz wrogości, i to jest nie do przerwania. Przychodzą, żeby pokazać przed kolejnym obserwatorem, w czym muszą żyć. Szukają publiczności do spektaklu, który ma się rozegrać.

Kto tkwi w takim związku?

Osoba w pewnym sensie psychicznie pokaleczona. Bo zdrowy człowiek, który ma poczucie własnej wartości, nigdy się na takie życie nie zgodzi. Gdyby sobie wyobrazić, że psychika jest ciałem, to byłoby to ciało pobite, naruszone, jakoś uszkodzone.

Jak to wszystko się ma do narcystycznego bycia w relacji?

Żyjemy w czasach, które bardzo nam ułatwiają brak zaciekawienia innymi. Mamy przecież być skupieni na sobie, to my jesteśmy wyjątkowi. Kładziemy tak duży nacisk na swój rozwój, swoje potrzeby, że zaczynamy wierzyć w to, że warto walczyć tylko o siebie. I swoją indywidualność. Stąd prosta droga do fantazji o tym, że druga osoba powinna się dopasować do mnie, nie ja do niej.

Jadłam ostatnio obiad z uroczą parą, po siedemdziesiątce. On opowiadał jakąś historię, ona ewidentnie była nią znudzona, ale starała się tego nie okazywać. W którymś momencie on powiedział: „Taki jest urok małżeństwa, słuchasz tej samej historii wiele razy".

To bardzo przyjemny komentarz, świadczący o tym, że obie strony zdają sobie sprawę z tego, że nie zawsze jest różowo, bywa też szaro. I nie ma w tym nic złego. Tolerujemy różnice między rzeczywistością a naszym wyobrażeniem. Tak samo jest z ciekawością: pojawia się i znika, czasem jest silniejsza, czasem słabsza, w zależności od tego, co się z nami dzieje.

Widziała pani serial *The Crown*? Tam pokazana jest relacja młodej królowej Elżbiety i księcia Filipa — może i w przejaskrawiony sposób, ale uchwycono tam problem z połączeniem odrębnych światów. Wręcz dewaluację świata drugiej osoby, brak chęci ustąpienia ze swojego stanowiska, aby poznać partnera. Chwilami widoczna jest nawet pogarda. Myślę, że istotna była cała dworska etykieta, wyższość królowej, to, że mąż chodził dwa kroki za nią. To było tak zaburzające równowagę w związku, że czasami odwracałam wzrok od ekranu, nie mogłam na to patrzeć.

Połączenie ich temperamentów też wydawało się trudne.

Temperament księcia i utożsamienie się królowej z koroną. Symboliczne i całkiem dosłowne — ona przestała być kobietą z krwi i kości, która ma coś do powiedzenia i jest wolna, stała się koroną. Z góry wiedziała, co ma robić, wszystko w jej życiu było ściśle określone.

I nie zależało od niej.

Dlatego w takiej sytuacji nie ma żadnej możliwości zmian, negocjacji.

Za to jej siostra działała jakby w kontrze.

Ale zrezygnowała z miłości dla pieniędzy. Żeby wyjść za ukochanego pułkownika, musiałaby się zrzec dożywotniej pensji od rodziny królewskiej. Zdecydowała się zostać przy rodzinie. I przy pensji.

Przypomniało mi się, co powiedział Karol zapytany, czy on i księżna Diana się kochają: „Tak, cokolwiek to znaczy". Krzywi się pani?

Trochę tak, bo pobrzmiewa w tym zdaniu coś takiego, że on sam czuje, że nie wie, czym jest miłość. A jeśli wiedział, to na pewno nadawał inne znaczenie temu słowu niż księżna Diana.

Zastanawiam się nad przykładem czegoś przeciwnego — serialowej lub filmowej pary, która właśnie jest zaciekawiona światem drugiej osoby i stara się go poznać, ale jakoś nic nie przychodzi mi do głowy. Ciekawe dlaczego. Może wtedy nie jest wystarczająco dramatycznie, żeby ludzie chcieli to oglądać.

Tak pani ogląda filmy i seriale? Analizuje pani pary w kinie?

W pewnym momencie stwierdziłam, że ja nie jestem już normalnym członkiem społeczeństwa — patrząc na świat, mimowolnie analizuję nie tylko pary, ale ludzi w ogóle. Politykę, bieżące wydarzenia. Patrzę przez pryzmat swojego zawodu. Ale staram się to robić coraz rzadziej, złapać większy dystans.

I jak pani idzie?

Różnie. Ktoś mi ostatnio powiedział, że straciłam poczucie humoru, ale straciłam je chyba znacznie wcześniej. W gabinecie ludzie mówią rzeczy, z których w innych okolicznościach pewnie bym się śmiała, natomiast tutaj one w ogóle nie są śmieszne. I jak ktoś ni stąd, ni zowąd opowiada mi jakiś absurdalny kawał, a ja nie wiem, o co chodzi, to pytam od razu: „Ale co to dla ciebie znaczy?". Coś idzie za tą pracą, coś się zmienia w głowie, przynajmniej u mnie.

Co jest w niej najtrudniejsze?

To, że bywa bardzo wyczerpująca. Są takie sesje, tacy pacjenci, którzy naprawdę obciążają psychicznie i od których nie sposób się szybko uwolnić, nagle przestawić na swoje życie.

To bardzo specyficzny sposób pracy, którego nie da się w pełni kontrolować. Trudno tak do końca sprawić, że praca jest w jednym miejscu, a życie prywatne w drugim — weźmy na przykład sny, nie panuję nad nimi. Jak mi się śnią pacjenci, to się czasem wkurzam, że nie mogę już nawet mieć snów oderwanych od pracy. Oczywiście moje sny są zawsze o mnie, jednak pacjenci niekiedy w nie wkraczają.

Dlaczego pani się tym zajmuje?

Odpowiedź, z którą zmagałam się wiele lat, jest taka, że ludzie wybierający ten zawód to ci, którzy mają jakąś sprawę do załatwienia. I postanawiają się do tego zabrać. Coś takiego we mnie jest, że potrzebuję rozumieć ludzi, pary, i co więcej — staram się je naprawiać. Dlatego poświęcam codziennie kilka godzin na to, żeby się im przysłuchiwać.

Dlaczego psychoterapia psychoanalityczna?

Doszłam do wniosku, że ona najbardziej pasuje do mojej osobowości. Poza tym myślę, że jeśli chodzi o pary, to jest najgłębszy rodzaj pracy. Trafiają do mnie i zostają w terapii takie pary, które czują, że ich problem leży gdzieś bardzo głęboko. Że on nie jest spowodowany jakąś tymczasową sytuacją czy krótkim nieporozumieniem, które da się wytłumaczyć. To jest coś, co trzeba przeżyć, żeby mogło się zmienić. Nie wystarczy krótka interwencja.

Co to znaczy?

Myślę, że jeśli ktoś nie był w psychoterapii, nie zrozumie, o czym mówię. Tego nie da się sobie wyobrazić. Często na konsultacjach próbuję wytłumaczyć pacjentom, co tutaj będziemy robić, i oni tego zupełnie nie rozumieją. Dopiero po jakimś czasie się orientują: „A, to ja już wiem, o czym pani mówiła dwa lata temu!".

Zdarza się, że para decyduje się na terapię, a pani jej odmawia?

Jeszcze mi się nie zdarzyło odmówić komuś, kto był bardzo zmotywowany, ale wiem, co by się musiało zdarzyć, żebym to zrobiła — musiałabym się takiej pary bać. Bo ja pracuję również z parami, które mają problem z przemocą. Wiem, że wielu terapeutów tego nie robi, ale ja się zawsze zastanawiam, co się z nimi stanie, jeśli nie przyjmę ich na terapię. I przyjmuję takie pary pod warunkiem, że mają w sobie chęć do rozmowy, poczucie winy za to, co robią, i nadzieję, że to się może zmienić. Nie przyjmuję takich, które po prostu chcą coś odgrywać.

Czy zdarza się, że te osoby są przemocowe także wobec pani?

Jeżeli w parze jest przemoc, to ona będzie również w gabinecie. Więc także w stosunku do mnie. Pacjent mówi na przykład: „Pani jest głupia". Albo: „Nie ma pani o niczym pojęcia". Rzuca fotelem i wychodzi. A moim zadaniem jest czekać i liczyć na to, że przyjdzie za tydzień, będzie chciał o tym porozmawiać, przyjrzeć się temu, co się stało. Jestem tu po to, żeby pokazać osobom, które nie potrafią znieść emocji, jak można to zrobić, nie uszkadzając siebie i innych.

Praca przekłada się jakoś na pani życie prywatne?

Myślę, że bardzo.

Naprawdę?

Oczywiście! Nie da się tego rozłączyć. Z jednej strony czuję, że jest to jakaś moja inność, nienormalność, specyficzne spojrzenie na świat, a z drugiej strony to pomaga. To jest jednak narzędzie do widzenia i rozumienia różnych rzeczy w swojej rodzinie, u swoich dzieci, w swoim otoczeniu.

Czym się zajmuje pani mąż?

Mój mąż, jak to często bywa w związkach psycholożek, jest programistą.

Dlaczego tak jest?

Myślę, że osoby pracujące w szeroko pojmowanych zawodach nastawionych na pomaganie innym i opiekę nad nimi często wiążą się z osobami wykonującymi zawody techniczne, bo bardziej lub mniej świadomie czują, że różnica w ich sposobach myślenia i w nastawieniu do życia jest potencjalnie kreatywna. I że razem mogą stworzyć coś dobrego, czego żadne nie miałoby szansy stworzyć samodzielnie.

Jak się poznaliście?

Na studiach, wtedy jeszcze byłam zwykłą dziewczyną. Z czasem zmieniliśmy się oboje — moje i jego myślenie o świecie się rozwinęło, bo to jest właśnie rozwój. Trudny, jeśli za długo jest się w roli terapeutki, ale jednak rozwój. Na szczęście w domu nie muszę być w tej roli, mogę być sobą. Staram się wyłączyć tryb rozumienia i analizowania wszystkich motywów naszego postępowania. Mogę się kłócić, być obrażona. Mogę popełniać błędy.

IWA MAGRYTA-WOJDA, psycholożka, psychoterapeutka, terapeutka par i rodzin, tłumaczka literatury psychoanalitycznej. Pracuje w Specjalistycznej Poradni Rodzinnej dzielnicy Bemowo w Warszawie i w prywatnym gabinecie. Jest członkinią grupy promującej w Polsce myślenie psychoanalityczne w terapii par.

Nie rób drugiemu, co jemu niemiłe

O empatii
Rozmowa z Mają Szpakiewicz

„Nie rób drugiemu, co tobie niemiłe" — nie do końca podoba mi się to przysłowie.

Dlaczego?

Bo zakłada, że jesteśmy tacy sami. Kiedy powstało, miało swoją wartość i w pewnym sensie nadal ma — uczula nas na to, że ludzie mogą myśleć podobnie i podobnie cierpieć. Poczucie, że niczym się nie różnimy, zaspokaja naszą potrzebę przynależności, która kiedyś była bardziej podkreślana — my jako grupa, my jako naród jesteśmy etnicznie i religijnie tacy sami. Natomiast dziś już wiemy, że nie jesteśmy tacy sami. Ani nawet podobni. Dlatego wnioskowanie przez analogię może być nietrafne, a wręcz prowadzić do krzywdzenia drugiej osoby. Sformułowanie tego inaczej: „Nie rób drugiemu, co jemu niemiłe", powoduje, że wchodzimy na inny poziom rozumienia człowieka.

Zaczynamy rozumieć, że coś, co dla nas jest bardzo miłe, dla innych może być przykre. Albo neutralne.

To jest umiejętność przyjęcia perspektywy drugiej osoby, która w ostatnich latach spopularyzowała się pod pojęciem empatii — zresztą bardzo szeroko rozumianej, zarówno jako współodczuwanie, jak i rozumienie myśli i potrzeb drugiego człowieka.

Można się jej nauczyć?

To zależy od tego, czy współgrają ze sobą czynniki genetyczne i środowiskowe. Tak jak w wypadku wielu innych cech czasem trudno rozróżnić, czy empatia, którą człowiek kieruje się w swoim zachowaniu, pochodzi z wychowania czy raczej z typu układu nerwowego, z jakim przyszedł na świat. W dużym uproszczeniu: jeśli ktoś we wczesnych latach dostawał miłość i współczucie, to potem pewnie będzie umiał się nimi kierować. Jednak człowiek, który ma dobre wzorce, ale jednocześnie uszkodzoną korę przedczołową, nie będzie zdolny do empatii. Są tacy, którzy mają w tej kwestii duże predyspozycje, i tacy, którzy są tej cechy zupełnie pozbawieni. To całe spektrum.

Na jednym biegunie ci, których empatia zalewa, na drugim ci, którzy w ogóle nie potrafią zrozumieć perspektywy innych.

Ja bym to skomplikowała jeszcze bardziej: czasami nawet osoby bardzo empatyczne mogą za sprawą jakiegoś czynnika wejść w stan braku empatii. Na przykład w obronie swoich potrzeb pod wpływem emocji możemy stracić wrażliwość na drugiego człowieka. Nawet jeśli mamy typowy układ nerwowy, względnie zdolny do odczuwania empatii. Ale z powodu wzburzenia, zagrożenia, lęku czy stresu możemy zachować się nieempatycznie, a nawet okrutnie. Do takich sytuacji często dochodzi w związkach, bo to jest obszar, w którym pojawia się dużo emocji. Znacznie więcej niż w innych okolicznościach. To zresztą bardzo szeroki temat, ponieważ czym innym jest to, co się dzieje w środku, jakich ktoś doświadcza emocji i co myśli, widząc krzywdę innej osoby, a czym innym podjęcie działania pomocowego. I tutaj korelacja nie zawsze jest wprost proporcjonalna.

Mam znajomą, która od zawsze mówi głównie o sobie. Któregoś dnia mi napisała, że już nie może znieść swojej olbrzymiej empatii.

Może pomyliła empatię z jakimś typem wrażliwości na samą siebie? Mogła reagować swoimi emocjami na jakieś sytuacje w sposób, który dla niej był niezwykle intensywny. Tylko że to niekoniecznie były emocje innych osób, a już na pewno nie empatia, ponieważ ona zawsze dotyczy drugiego człowieka. Ludzie czasem mylą empatię z własnymi emocjami.

Są też osoby niezwykle rezonujące emocjonalnie, z nadmiarem empatii, i to właśnie utrudnia im niesienie pomocy, ponieważ emocje zalewają je do tego stopnia, że muszą się nimi zająć, pomóc sobie, i już nie są w stanie skupić się na kimś innym.

Przychodzę do przyjaciółki, żeby ją pocieszyć, ale sama zaczynam płakać i rozczulać się nad sobą?

Na przykład. Albo w takiej klasycznej scenie rodzicielskiej, choć dzisiaj coraz rzadszej: dziecko upada, a rodzic na nie krzyczy. Ten rodzic może nawet bardzo cierpieć albo się bać, ale jego lęk powoduje, że zamiast udzielić pomocy dziecku, zajmuje się sobą i odreagowuje strach krzykiem. Z drugiej strony jeśli osoba, która ma pomagać innym, jest za bardzo empatyczna, to też niedobrze. Bo ona może nie być zdolna do pomagania.

Trudno chyba samodzielnie ocenić swój poziom empatii. A jeśli wykona się test, to istnieje ryzyko, że wynik będzie taki jak mój: okazało się, że mam empatię przeciętnego mężczyzny.

Myślę, że głównym wskaźnikiem jest to, w jakim stopniu przeżycia i emocje drugiej osoby motywują nas do działania. Nie wystarczy samo przeżywanie, mówienie komuś, że się mu współczuje. Czyli proste pytanie: czy jeśli ktoś cierpi, to zajmę się nim? Albo kiedy mówi, żebym czegoś nie robiła, to jest dla mnie ważne i faktycznie przestaję to robić? Kluczowe jest wchodzenie w kontakt z drugą osobą i kierowanie się jej potrzebami w naszym zachowaniu.

Empatia składa się z tego, jak jesteśmy w stanie emocjonalnie odczuć to, co czuje druga osoba, i wyobrazić sobie jej sytuację. Tylko że to nie zawsze się ze sobą łączy. Są osoby mało rezonujące emocjonalnie, które jednak dość dobrze potrafią sobie wyobrazić, co czuje ktoś inny, i w związku z tym mogą bardzo adekwatnie zareagować. Adekwatnie do potrzeb tej osoby, ale też do własnych celów. Bo może to na przykład dotyczyć psychopaty, który manipuluje ludźmi. Rozumienie, co czuje druga osoba, może być używane do różnych celów.

Simon Baron-Cohen, psycholog, autor książki *Teoria zła*, twierdzi, że brak empatii jest wpisany w niektóre zaburzenia osobowości.

On zauważył, że u psychopatów ten wymiar właściwie nie istnieje. W narcystycznym zaburzeniu osobowości i borderline podobnie. A to powoduje, że takie osoby są bardzo trudnymi partnerami — nie mają zdolności do tego, żeby zrozumieć drugą osobę i kierować się jej potrzebami, nie potrafią słuchać i współodczuwać. W życiu społecznym nie jest to tak bardzo ważne: można kierować się w nim zasadami wyniesionymi z domu, na przykład taką, że trzeba działać charytatywnie, pomagać innym. Taki człowiek może być niezdolny do odczuwania współczucia, ale podejmuje pewne działania, ponieważ tak należy robić. Ale już w życiu prywatnym, w którym jest mnóstwo sytuacji mniej schematycznych, zaczyna się gubić.

Bo trzeba słyszeć, co druga osoba mówi.

Zrozumieć jej perspektywę, nie powoływać się na jakieś czynniki obiektywne, tylko za nią podążać.

Baron-Cohen pisze też o osobach w spektrum autyzmu mających taki typ układu nerwowego, który nie jest zwrócony przeciwko innym ludziom, nie ma manipulacyjnych intencji, tylko powoduje, że osoby w spektrum mimo najszczerszych chęci nie są w stanie zrozumieć drugiej osoby. Osoba w spektrum, gdy mówi do kogoś: „Jesteś gruby", nie rozumie, dlaczego to dla kogoś może być niemiłe. No przecież mówi prawdę. Natomiast konkluzja jest taka, że bez względu na to, z czego wynika brak empatii — jest on dużym problemem w związkach.

Jak dochodzi do tego, że ktoś wiąże się z osobą pozbawioną empatii?

Uważa się, że kobiety są bardziej empatyczne od mężczyzn — sama się pani zresztą do tego przed chwilą odwołała. I myślę, że młode kobiety nie widzą, przynajmniej na początku, czy mają do czynienia z mężczyzną, który jest może trochę mniej empatyczny niż one, ale jakieś zasoby w tym obszarze ma, czy może jest to bardziej nasilona cecha, wykraczająca poza męską typowość. To duża trudność, bo wiedza na ten temat nie jest nam wpajana.

Poza tym, jeśli mówimy o początkach związku, to przecież jest teatr — obie strony się starają, udają wiele rzeczy. To wychodzi później.

Oczywiście mężczyzna bardziej się stara, jego motywacja jest nakierowana na to, żeby kobieta czuła się szczęśliwa, więc ona może tego nie zauważyć. Nawet jeśli intuicja jej coś podpowiada, to ona ją zignoruje, będzie udawać, że tego nie ma. Dodatkowo kobiety często nie są uczone artykułowania własnych potrzeb, uczy się je, żeby koncentrowały się na innych, nie na sobie. A to w dostrzeganiu braku empatii u innych nie pomaga.

Kobieta wpada w wir obowiązków domowych i nie zauważa, że on nic nie robi? Nie wierzę.

Najpierw myśli, że partner jej nie słyszy i nie widzi, nie zaspokaja jej potrzeb, ponieważ jest zmęczony i zestresowany pracą. To jest na przykład taki etap, kiedy dzieci są bardzo małe — siłą rzeczy kobiety intensywniej się nimi zajmują. Ale kiedy kurz pierwszych, najtrudniejszych lat opada i zaczyna się tworzyć przestrzeń do przyglądania się komunikacji w parze — już nie musimy wstawać w nocy, nie jesteśmy non stop na nogach, życie zawodowe mamy w miarę ogarnięte — nagle się okazuje, że...

...już się nie da udawać, że tego nie ma.

Nie da się. Czasem po kilkunastu latach, albo nawet później, jedna osoba zaczyna odczuwać braki dlatego, że nie jest słyszana, nie jest rozumiana, partner jej nie tylko nie czuje, ale też nie uwzględnia. Bo gdyby tylko nie czuł, to pół biedy. Gorzej, jeśli nie uwzględnia: mówię, że czegoś potrzebuję, albo że czegoś bardzo nie lubię, a on tego w ogóle nie bierze pod uwagę.

Czy głównie kobiety nie zauważają, że coś jest na rzeczy?

Z mojego doświadczenia wynika, że tak. Może to jest kwestia statystyki dotyczącej poziomu empatii u kobiet i mężczyzn, socjalizacji, a może tego, że jeśli mężczyzna ma taki problem z partnerką, to lepiej sobie z tym radzi? Aczkolwiek zdarza się, że przychodzą pary, w których to mężczyzna skarży się na brak empatii u partnerki. Mówi, że ona go nie wyczuwa, że jest coś takiego w emocjach między nimi, co wywołuje u niego duży dyskomfort.

I raczej nie chodzi o to, że jedna osoba nie sprząta, nie zajmuje się dziećmi, tylko o brak szacunku do potrzeb tej drugiej?

Nie do końca jest tak, że ona się buntuje, bo nie chce, żeby obowiązki domowe były tylko na jej głowie, choć często na początku tak to wygląda. Ostatecznie ona się buntuje, bo on jej nie słucha. Zaczyna widzieć, że on nie traktuje jej tak, jak powinno się traktować ważną dla siebie osobę. Dlatego mówię raczej o aspektach psychologicznych, a nie o czynnościach, których ludzie nie wykonują na przykład z powodu zaszłości społecznych albo wychowania.

Nie chodzi o patriarchat?

Nie. Zamiast odwoływać się do ról społecznych czy stereotypów, wolałabym mówić o tym, czy ktoś kogoś widzi. Współodczuwa. Rozumie drugą osobę, szanuje ją. Bo gdyby to była wyłącznie kwestia roli społecznej, wychowania, to łatwiej można byłoby to odwrócić. A często tak nie jest.

Proszę zauważyć, że w każdym pokoleniu zwraca się uwagę na jakieś konkretne cechy u partnera. Na przykład dobrze, żeby był zamożny. Albo wierny. Teraz przyszła epoka, w której należy uczyć kobiety, żeby zwracały uwagę na to, czy mężczyzna jest empatyczny. Bo nie dostają tej wiedzy w domach ani w szkołach. Dlatego sądzę, że kobiety często interpretowały brak empatii przez pryzmat wychowania, myślały: „Matka go tak wychowała, wszystko za niego robiła, dlatego on teraz nie jest w stanie sprzątać. Ale skoro tak, to nic prostszego, ja go nauczę!". I oczywiście na poziomie technicznym to jest wykonalne, ale w jego głowie musi być motywacja wynikająca z empatii. Czyli jeśli ona się wkurza, że sama musi sprzątać, a on narzeka, że nauczenie się tego jest dla niego nadludzkim wysiłkiem, to dobrze, jeśli w końcu wpadnie na to, żeby tym wysiłkiem się z nią dzielić. Bo może ona też tego nie lubi?

Wydaje mi się, że jeśli przypisujemy takie zachowania patriarchalnemu wychowaniu, to nas może zmylić. Bo siłą rzeczy myślimy, że to kwestia wychowania, a nie cecha układu nerwowego danej osoby. A ona bez profesjonalnej pomocy jest bardzo trudna do zmiany.

Lepiej uciekać?

Lepiej byłoby od początku wejść w związek z osobą, która jest empatyczna i z którą będzie nam się miło żyło. Nie wszyscy nadają się na partnerów czy rodziców. Z drugiej strony trendy kulturowe pewne rzeczy wymuszają, więc sądzę, że gdyby częściej się o empatii w takim kontekście mówiło, więcej osób zaczęłoby nad sobą pracować. Osoba w spektrum zdiagnozowana w dzieciństwie, objęta specjalistyczną pomocą terapeutyczną, uczy się, jak radzić sobie w codziennym życiu społecznym i w bliskich relacjach. Niektórzy dowiadują się o swoim braku empatii dopiero w dorosłym życiu, inni nie dowiadują się wcale.

Na szczęście pojawia się coraz więcej literatury na ten temat, pokazującej kobietom, że są z partnerem niezbyt empatycznym. I co mogą z tym zrobić.

No właśnie, co? Jak wygląda praca z takimi osobami?

Przychodzi para, w której jedna osoba bardzo cierpi, a druga raczej nie. Co najwyżej ta druga narzeka, że pierwsza „się czepia" — psuje atmosferę w domu, wprowadza dużo niepokoju i nerwów i ma oczekiwania, których wcześniej nie było. I teraz: osoba, której się zarzuca, że nie słucha, że jest nieczuła i niezbyt wrażliwa, też jest w trudnej sytuacji, ponieważ ona — z powodu własnych ograniczeń — nie jest w stanie spełnić oczekiwań partnera. Musi więc na własny użytek jakoś zinterpretować te zarzuty. Zaczyna myśleć, że kobiecie coś odwaliło, że hormony, że kryzys.

No i?

No i jest to bardzo trudna sytuacja, ponieważ ta pierwsza cierpi do żywego, jest sfrustrowana, zastanawia się już nad sensem tego związku, przychodzi do psychoterapeuty, żeby dowiedzieć się, czy jest jakaś nadzieja, i czasem słyszy, że tej nadziei nie ma. Że jej partner jest narcystyczny, albo psychopatyczny, borderline, w spektrum...

Pani mówi im to wprost?

Nie tak od razu, nie prosto z mostu. Na trudną diagnozę psychologiczną pacjent musi być przygotowany, podobnie jak w wypadku diagnozy choroby somatycznej. Czasem proszę konkretną osobę, żeby coś przeczytała i zastanowiła się, czy w literaturze, którą jej podsyłam, coś pasuje do niej. Jej partnera też o to proszę. Czasem nie chodzi o to, żeby postawić diagnozę, tylko nazwać kilka cech. Ktoś sobie zrobi test na empatię i zastanowi się, jak to u niego wygląda w stosunku do reszty społeczeństwa.

Wyobrażam sobie, że nazwanie tego wprost mogłoby być narzędziem zemsty tej drugiej, cierpiącej strony.

Terapeuta musi mieć na uwadze to, żeby diagnoza nie była użyta przeciwko partnerowi. Nazwanie problemu powinno pomóc ukierunkować pracę terapeutyczną. Zazwyczaj się to udaje. Najczęściej osoby cierpiące przychodzą z tak trudnymi partnerami, że naprawdę chcą się dowiedzieć, czy można coś z tym zrobić. Żeby było im lżej. A jeśli nie ma na to sposobu — odejść. Terapia nie jest po to, żeby zdobyć narzędzia i móc partnera zamęczać. Jeśli jedna strona używa czegoś przeciwko drugiej, to znaczy, że nie chce z nią być. Tylko może tak łatwiej jej się rozstać.

Jakie są sposoby na bardziej udane życie z taką osobą?

Najpierw jest edukacja kobiety, w jaki sposób ona może zadbać o siebie. Na przykład stworzyć własną przestrzeń, w której zadba o swoje potrzeby emocjonalne, rozwinie zainteresowania, kontakty społeczne. I urealnić oczekiwania, żeby się mniej frustrowała. Musi się zmierzyć z pytaniem, czy jest w stanie żyć z tym, że pewne jej potrzeby nigdy nie będą zaspokojone. Dajmy na to: kobieta chce coś zmienić w mieszkaniu, mówi partnerowi, że to jest jej potrzeba estetyczna albo emocjonalna, a mężczyzna powołuje się na jakąś racjonalność...

Że to jest drogie.

Niepotrzebne. I ona może nauczyć się żyć z tym, że nie znajdzie u niego zrozumienia, ale też może to po prostu zrobić sama. Bez tej głębi porozumienia, że mamy tak samo, że wspólnie coś zrobimy. Chodzi o to, żeby ona mogła pomyśleć: „On się nie zaangażuje, więc ja zrobię to własnymi siłami. Marzyłam o tym, że będziemy chodzić po sklepach i razem wybierać, ale skoro nie, to pójdę z koleżanką". To jest godzenie się z tym, że partner nie będzie w całym projekcie uczestniczył, czyli takie strukturalne rozpracowanie tej sytuacji i zadanie sobie pytania, czy dla mnie to jest znośne, czy nie, i po prostu muszę odejść.

Ale czy nieempatyczna osoba naprawdę nie jest w stanie pójść do tego sklepu?

Nie jest w stanie zrobić czegoś dla drugiej osoby tylko dlatego, że tamtej na tym zależy i ona o to prosi.

Woli się rozstać, niż próbować coś zrobić?

Różnie bywa. Dopóki może, tkwi w związku i już. Dostaje cięgi, ale za bardzo się tym nie przejmuje, interpretuje to jako szaleństwo kobiety i robi swoje. Ona mówi, żeby on nie przycinał krzewów na działce, bo ona je lubi, a on je przycina i potem jeszcze mówi: „No ale chciałem ci zrobić przyjemność!". Na co ona się dziwi: „Jak mogłeś tak pomyśleć? Przecież rozmawiamy o tym od dawna". A on: „No tak, ale teraz to ładniej wygląda". I nic się nie da na to poradzić, ponieważ on zupełnie nie rozumie, z jakiego powodu ona jest niezadowolona i ma do niego żal.

Czasami jednak jest tak, że mężczyzna nie potrafi tego w sobie zmienić, ale zależy mu na związku, kobiecie czy rodzinie. I jest w stanie ustalić z nią pewne rzeczy bez zrozumienia i czucia, a potem się do tych ustaleń stosować. Wtedy jest jakaś przestrzeń do zmiany.

Ona mówi: „Chciałabym wstawić nowe drzwi w sypialni", a on nie widzi takiej potrzeby, ale się zgadza?

Aż tak optymistycznie bym tego nie widziała. Myślę, że to bardziej ustalenie pewnych zasad co do sytuacji powtarzalnych. On na przykład podejmie ten nadludzki wysiłek mycia łazienki, żeby wyjść jej naprzeciw, ale zgubi się w sytuacji jednostkowej. Dlatego musi być jakaś powtarzalność, schemat, ponieważ wtedy nie trzeba używać empatii, intuicji, zastanawiać się, jak to wygląda z perspektywy drugiej osoby.

Jak kobiety to wytrzymują? Oszalałabym.

Też czasem zadaję sobie to pytanie i wychodzi na to, że z takimi mężczyznami wiążą się kobiety statystycznie mniej empatyczne. A mimo to między nimi jest różnica, i one źle ją znoszą.

Poza tym mam wrażenie, że czasem są to osoby mało emocjonalne, działające trochę jak roboty — z zamrożonymi potrzebami. Czyli on się na nią denerwuje, ona w milczeniu to znosi i tak się zamraża, że nie widać po niej cierpienia. Ale to typ, który się zdarzał częściej w starszych pokoleniach. Młodsze kobiety często przykrywają swoją frustrację w związku aktywnościami fizycznymi, zajęciami poza domem.

Natomiast muszę dodać, że to nie jest tak, że wszystkie kobiety są wybitnie empatyczne, a wszyscy mężczyźni nie. Są kobiety, które mają swoje zajęcia, pochłaniającą czas i energię pracę, prowadzą bogate życie towarzyskie z innymi kobietami i w zasadzie to, że partner tylko przynosi do domu pieniądze i zapłaci za nianię i sprzątaczkę, z jakiegoś powodu im pasuje. Bywa, że same nie są gotowe do wymiany emocjonalnej, nie potrafią tworzyć więzi, zaangażować się w związek.

W jakim momencie takie pary przychodzą do gabinetu?

Kiedy jedna strona stawia ultimatum: idziemy na terapię albo bierzemy rozwód. Postawienie sprawy na ostrzu noża często jest wstrząsem dla drugiej osoby, więc ona rusza się z tej swojej wygodnej pozycji, dotychczas niewzruszonej, i jednak coś robi. To przynosi ulgę i jest argumentem, żeby odroczyć decyzję o rozstaniu.

Czy jest coś, co panią w tych parach irytuje?

Irytacja kojarzy mi się z niespełnionymi oczekiwaniami. A ja nie mam wobec par swoich własnych oczekiwań — staram się zrozumieć, dlaczego dwoje ludzi wybrało siebie i chce dalej ze sobą być. Wierzę, że skoro mimo tak dużych trudności walczą o siebie, to warto znaleźć przestrzeń współpracy i pomóc im znaleźć zasoby, na których będą mogli zbudować lepszą przyszłość. Każda para ma takie, których nie wykorzystuje, a czasem nawet ich nie widzi. Patrzymy na naszych pacjentów jak na ludzi, którzy często mieli trudną przeszłość, a ich rodzice jeszcze trudniejszą. Spojrzenie z tej perspektywy, że może ta kobieta, która godzi się na permanentną frustrację w swoim związku, miała matkę, która była ofiarą przemocy, trzyma nas blisko realności, a nie ideału. A to, że przychodzą do mnie nieidealni ludzie, często poranieni, jest cechą mojego zawodu. Gdyby mnie irytowali, znaczyłoby to, że źle wybrałam zawód.

Czy to zakłada brak emocji z pani strony podczas pracy?

Nie, ta praca zakłada całe spektrum emocji — od podekscytowania, przez radość, do poczucia frustracji, jeśli widzę, że nie ma postępów. Czasami myślę: „Już dawno powinni zrezygnować, ja bym tak zrobiła!". Ale oni przychodzą. A nasze założenie jest takie, że jeżeli pacjent przychodzi, to znaczy, że coś z tego bierze. I ja nie muszę wiedzieć, co to jest, nie muszę tego nazywać, i nawet jeśli z mojej perspektywy on stoi w miejscu, to dla niego nawet milimetry mogą być ważne.

A może jeszcze nic nie zrobił, ale ma jakąś refleksję, inne spojrzenie na sprawę? I to go wzmacnia.

Na przykład. On się tu doładowuje, a ja muszę zachować swój osąd postępu w terapii. Ale też zdarzało się tak, że w duchu pozwalałam sobie na myśl: „O Boże, z tego nic nie będzie!". A potem jednak coś było.

Podejście ericksonowskie jest dla osób, które lubią poszukiwać. Chcą podążać za pacjentem, wyciągać z niego to, co można zmienić. To on coś proponuje, my nie mamy scenariusza, raczej rozpoznajemy sytuację i podążamy za tym, co on wnosi. Dla każdego właściwie tworzy się nową terapię.

Mówi pani o tym jak o improwizacji, a wydaje się pani oazą spokoju.

Improwizuję spokojnie.

Tak naprawdę jest pani szalona i spontaniczna, nabrałam się.

Jakby pani poczytała parę opinii o mnie, dowiedziałaby się pani, że bywam odbierana jako wymagająca terapeutka.

Co to znaczy?

Że często mówię prosto z mostu, wykładam kawę na ławę. Konfrontuję pacjentów z ich problemami, ale staram się robić to w taki sposób, żeby widzieli, że jestem po ich stronie. I byli w stanie to przyjąć.

Poza tym pani nie jest moją pacjentką i ja nie rozmawiam z panią w roli terapeutki. Zupełnie inaczej zachowuję się jako terapeutka.

Podobno terapeuci zachowują się różnie w konfrontacji z różnymi parami.

Terapia to nie tylko metoda pracy, ale przede wszystkim spotkanie z drugim człowiekiem, który na nas jakoś oddziałuje, jakoś go doświadczamy i przez to możemy różnie się zachowywać. Z jednymi żartujemy, a z innymi zachowujemy pełną zadumy powagę. To wynika nie tylko z obranej świadomie strategii pracy, ale też z tego, jak doświadczamy siebie w danym procesie. Dla terapeuty jego własne przeżycia również są ważną wskazówką pomagającą zrozumieć parę. Praca terapeuty opiera się w końcu także na empatii.

MAJA SZPAKIEWICZ, psycholożka, psychoterapeutka, terapeutka par, pracuje w nurcie ericksonowskim. Założycielka Centrum Psychoterapii TREDO, działającego od 2001 roku. Psychoterapii uczyła się w Polskim Instytucie Ericksonowskim. Należy do Polskiego Towarzystwa Psychologicznego.

Ukryte definicje

O miłości

Rozmowa z Karoliną Pniewską

Miłość — jest w ogóle takie coś?

Jestem przekonana, że tak. Tym pytaniem nawiązuje pani do zabawnej sceny z *Misia*, w której Stanisław Paluch z kolegą dochodzą do wniosku, że miłość zdarza się tylko w telewizji, w życiu raczej nie. Ten śmieszny dialog pokazuje parę, w której nie ma nadziei na miłość. W udanej psychoterapii można tę nadzieję odzyskać, dokopać się do „tego czegoś", przywrócić zdolność kochania. Myślę, że głównie po to do gabinetu przychodzą pary. Zgłaszają się, kiedy równowaga między miłością a nienawiścią jest zaburzona — zastanawiają się, czy miłość między nimi jeszcze jest, czy może lepiej się rozstać i poszukać jej gdzie indziej.

Jakie to są momenty?

Kryzysu. Nie spotkałam jeszcze ani jednej pary, która by przyszła i powiedziała, że wszystko jest okej, tylko tak profilaktycznie chcieliby o siebie zadbać. Jeśli jest dobrze, to pary nie zapraszają trzeciej osoby do swojego intymnego świata. Brytyjski psychoanalityk James Fisher napisał książkę *Nieproszony gość.*

Od narcyzmu do małżeństwa — terapeuta jest często takim nieproszonym gościem. Czasem niezbędnym. Wie, że para przychodzi do gabinetu, ponieważ się kocha. Albo ma wspomnienie miłości. Partnerom jeszcze na sobie zależy, czegoś od siebie pragną.

Rozumiem, że para na początku nie jest tego świadoma, nie widzi tego. Przychodzi raczej w ogniu kłótni, a nie miłości.

To może sprawiać dramatyczne wrażenie — pary kłócą się czasem tak, że moje koleżanki z gabinetów obok są zaniepokojone. To taki ogień, w którym parze trudno pomyśleć, że pod spodem jest ukryta miłość. O to toczy się walka — jedno od drugiego domaga się miłości. Tylko najczęściej każde inaczej to rozumie, inaczej rozgrywa. Trudno w takiej sytuacji mówić, że potrzebuje się drugiej osoby, bo to wymaga odsłonięcia się, które w ogniu walki i kłótni jest wyjątkowo ryzykowne. W ogóle najtrudniejsze wydaje mi się przyjście do gabinetu w parze.

Dlaczego?

Bo to najbardziej odkrywa i pokazuje intymne pragnienia: jak kocham i w jaki sposób jestem kochany. W terapii indywidualnej, która też jest wymagająca, pacjent ma terapeutę tylko dla siebie — jest on i jego fantazja o partnerze. Z kolei w terapii rodzinnej są dzieci, które często rozładowują atmosferę, pomagają całej rodzinie. Rodzice zazwyczaj są wtedy trochę dalej od ognia namiętności, miłości i ogromnego trudu, z którym mierzą się podczas terapii pary. W rozmowie z parą skupiamy się na tym, co dzieje się między dwiema osobami. I to jest znacznie większe wyzwanie.

To też intymna, seksualna relacja.

Ludzie przychodzą tu ze swoją sypialnią. Otwierają ją albo zamykają przede mną. I jeśli żona ma jakąś fantazję na temat swojego męża, to ona natychmiast zostanie skonfrontowana, bo on siedzi obok. I może powiedzieć: „To bzdura, to nie tak!”. Partner może też poczuć się zraniony, kiedy bliska osoba coś o nim powie, może nie chcieć tego słuchać, odpowiedzieć: „Skoro tak mówisz, to ja nie chcę rozmawiać”. I potem już nie przyjść.

Czy pary mówią o miłości? Używają tego słowa?

Zdarza się. To bardzo poruszające, kiedy para strasznie się kłóci albo milczy i w pewnym momencie jedno mówi: „Ale ja cię kocham”. To są momenty transformacyjne, po których możemy się zastanawiać, o co chodzi. Co znaczy ta miłość.

No właśnie, co dla nich najczęściej znaczy?

Dla każdego co innego. Jedna para może czuć, że miłość wróciła, kiedy zamieniła dwie oddzielne kołdry na jedną dużą. Partnerzy przychodzą potem i mówią, że jest lepiej. Bo fizycznie mogą być bliżej, pojawia się seks, namiętność i mogą o tym ze sobą rozmawiać. Ale wyobrażam sobie sytuację, w której może być zupełnie odwrotnie: zamiana jednej dużej kołdry na dwie małe poprawi relację. I miłość wróci, zostanie odzyskana.

Ważne chyba, żeby ustalić, co komu pasuje, dlaczego ktoś woli dwie kołdry.

Ważne, żeby o tym rozmawiać, tylko tak możemy odkryć nasze ukryte definicje miłości. Ludzie mają różne doświadczenia. Skrajny przykład, który kojarzy mi się z budowaniem bliskości i miłości, to sytuacja, gdy ktoś jako dziecko był nadużywany fizycznie. Bliskość jest wtedy czymś, czego ta osoba się obawia, jej ciało się tego boi. Racjonalnie wie, że nic jej nie zagraża, bo od lat jest w związku z kimś, kto jest dla niej dobry, ale ciało reaguje tak, jak reaguje, i zdarza się, że trzeba naprawdę dużo czasu, żeby móc się przytulić i spokojnie przespać całą noc.

Razem.

Nie każda para tego zresztą potrzebuje. I to mnie fascynuje w parach: każda ma swoje doświadczenia, spotyka się przecież człowieka z innego domu, czyli z innej kultury. I o to toczą się walki: Jak mamy się kochać? Tak jak u mnie w domu czy tak jak u ciebie? I czy symbolem tej walki będzie barszcz czerwony czy zupa grzybowa? O to się toczą karczemne awantury, których sednem zwykle jest miłość.

Albo jej brak.

Ewentualnie forma, w której ludzie ją sobie okazują, jakieś niedopasowanie w tym obszarze — ktoś nie kocha mnie tak, jak bym tego chciała. To teraz dość powszechna postawa: masz mnie kochać tak, jak ja chcę. Odpowiadać na moje potrzeby tak, żeby nie było żadnej różnicy między nami. Ale mam poczucie, że czasem parom łatwiej mówić o seksie niż o miłości, bo to drugie słowo zbyt często nie pada w gabinecie. Zresztą na żadnym szkoleniu nie miałam zajęć o miłości. Z lekturami paradoksalnie też jest problem: gdybym coś miała pani polecić, miałabym duży kłopot, bo z szukaniem miłości w spisach treści jest tak jak ze wskazywaniem drogi przez zaprzeczenie: „Widzi pani ten budynek po lewej? To nie tam".

Dlaczego tak jest?

Trudno nam pisać o miłości, ponieważ jej istotą jest tajemnica. A jak napisać poważny artykuł naukowy o tajemnicy? Jak robiąc to, nie otrzeć się o banał? Łatwiej zostawić ten obszar w rękach tych, którzy zajmują się nim od wieków: artystów. Poza tym mit romantycznej miłości dużo zepsuł — słowo „miłość" siłą rzeczy stało się tandetne, kojarzy się z komediami romantycznymi, frico romantico, z czymś niezbyt poważnym. I to jest jedna skrajność.

A druga?

Stereotypowe połączenie miłości z kościelnymi wspólnotami. Pamiętam jedną sesję z pacjentką indywidualną, podczas której użyłam słowa „miłość", a ona spojrzała na mnie zdziwiona i powiedziała: „Czy pani jest taką wesołą zakonnicą?". Myślała, że zaraz wyskoczę z gitarą! Ludzie nie zajmują się miłością, nie znajdują dobrych słów, choć jest to nasza najgłębsza, najbardziej intymna potrzeba. Tęsknimy za nią, ale boimy się o niej mówić nie tylko publicznie, ale też z bliskimi nam osobami. Nie wiem, czy wszyscy, ale zdecydowana większość ludzi potrzebuje kochać i być kochana. Za rzadko o tym mówimy.

Mit romantycznej miłości sprawił, że nie tylko wierzymy w te nieszczęsne połówki jabłka czy innej gruszki, ale też w to, że jak już kogoś spotkamy i się zakochamy, to potem wszystko ułoży się samo.

No i że pojawią się same przyjemne uczucia. A przecież człowiek to istota złożona, mamy zarówno przyjemne, jak i nieprzyjemne emocje, i one w bliskim związku na pewno się pojawią. Zdrowy związek potrzebuje równowagi między miłością a nienawiścią. Jedno bez drugiego nie istnieje. Znana brytyjska psychoanalityczka Joanna Rosenthall bardzo ciekawie pisała o symbolu małżeństwa, czyli o obrączkach. Postrzegane jako doskonały okrąg bez początku i końca, mają jednak swój początek: skała zostaje wykopana spod ziemi, metal upłynnia się w piecu, wlewa do formy, a potem wygładza. Coś pięknego powstaje z surowych, poddanych ekstremalnym warunkom elementów, dzięki pracy w płomieniach i brudzie.

Związek, bycie w parze to brudna robota?

Jeśli za brudną robotę uznamy kontakt z trudnymi, bolesnymi emocjami, to tak. Terapia zresztą też: w gabinecie zanurzamy się przecież w takich emocjach jak złość, zazdrość, smutek, niechęć czy wstyd, postrzeganych jako trudne. Ale para musi przez to przejść. Bo strzała Erosa, która wywołuje w nas takie przyjemne uczucia, narusza jednocześnie naszą integralność. Sprawia, że zaczynamy się bać o swoje granice. Jeśli wcześniej nauczyliśmy się braku zaufania do innych, to bliska relacja może się okazać bardzo trudna.

Bo oznacza zmianę, wysiłek, czasem poświęcenie. Dziś nie lubimy tak myśleć o miłości, wolimy, kiedy tylko nam coś daje, niczego nie zabiera.

Proszę zwrócić uwagę na to, w jaki sposób dobierają ludzi aplikacje randkowe: tak, żeby byli do siebie jak najbardziej podobni. Pisze o tym francuski filozof Alain Badiou — według niego, wchodząc w związki, kierujemy się dziś zasadą *safety first*, chcemy gwarancji bezpieczeństwa, pewności, że wszystko się uda.

Jeśli coś dam, to dostanę coś w zamian.

Ma być po równo. Zdaniem Badiou to zabija miłość, ponieważ wpisuje się w nią szukanie Innego, który ma być taki jak ja. A wtedy nie zakochuję się w drugiej osobie, tylko we własnym odbiciu. Tego zresztą ludzie często doświadczają, zakochując się — mają przyjemne wrażenie, że są tacy sami. I to jest bardzo potrzebne, ale równie ważny jest kolejny krok, czyli poznanie osoby, z którą się wiążemy, i doświadczenie tego, że można kochać kogoś Innego. Z wszystkimi jego wadami i zaletami. Szkopuł w tym, że dopiero długotrwały związek daje nam szansę na to, żebyśmy mogli naprawdę poznać drugą osobę. Odkryć, albo przynajmniej zbliżyć się do tego, kim ona naprawdę jest.

Dziś łatwo wchodzimy w związki, ale trudno nam w nich wytrzymać.

Często myślimy, że miłość kończy się wraz z zakochaniem, ekscytacją i wszystkimi przyjemnymi uczuciami, które łączą się z początkowym stanem zlania dwóch osób. Jeśli nie ma jedni, nie ma pary. To oczywiście fałszywe przekonanie, bo miłość dopiero wtedy może się zacząć. Australijska psychoanalityczka Judith Pickering pisze, że prawdziwe poznanie drugiej osoby to spotkanie, a nie rozczarowanie. Po angielsku brzmi to lepiej: *appointment, not disappointment*. I według mnie to kluczowa wartość: miłość pozwala nam fundamentalnie poznać drugą osobę. Zobaczyć ją i uznać, że jest inna niż my. Zamienić pojedynczy punkt widzenia na szerszą perspektywę, bo para to coś więcej niż dwie osoby, jest jeszcze coś pomiędzy nimi.

Tolerancja na różnice nie jest ostatnio popularna. Obserwuję raczej taki trend: jeśli myślisz inaczej, to znaczy, że jesteś głupszy. Albo co najmniej dziwny.

Albo: jeśli myślisz inaczej, a ja jestem z tobą, to co to o mnie mówi? Takie myślenie współgra z tym, co dzieje się w debacie publicznej. I nie myślę tylko o rozłamie politycznym w naszym kraju, w którym obie strony gardzą sobą od lat, ale też o skali światowej: Ukraina nie może myśleć inaczej niż Rosja. W skali makro debata jest dwubiegunowa, ale w skali mikro, w prywatnej sferze ludzie toczą ze sobą podobne wojny. W tym też można zobaczyć ukrytą definicję miłości. Ona jest bardzo powszechna i jednocześnie fałszywa, brzmi: miłość jest wtedy, kiedy nie ma między nami różnic. Miłość jest stanem zlania. Więc jeśli ty się ode mnie różnisz, to znaczy, że mnie nie kochasz.

A już na pewno ja nie mogę kochać ciebie.

Dlatego szybko muszę coś zrobić z tobą albo ze sobą, żebyśmy myśleli tak samo. Pytanie, kogo chcę poznać w związku. Z kim chcę się spotkać? Z drugą osobą czy ze sobą? To jeden z warunków, żeby miłość w ogóle mogła zacząć się rozwijać: ciekawość. Czy my możemy być siebie ciekawi.

A inne warunki?

Czas. Na pewnym etapie życia możemy przeskakiwać z relacji w relację — szukamy, sami jeszcze nie wiemy, czego chcemy i potrzebujemy, możemy się rozglądać. Nikogo to nie dziwi, że wchodzimy w związki, wychodzimy z nich, zakochujemy się i odkochujemy. Problem zaczyna się, kiedy to skakanie zamienia się w powtarzalny scenariusz. Przychodzą pacjenci w wieku czterdziestu czy pięćdziesięciu lat i mówią: „Cały czas powtarzam to samo, nie mogę tego przerwać i zbudować związku. Cierpię". To cierpienie często wynika z braku czasu na rozwój relacji, wzajemne poznawanie się.

Ludzie czasem się też boją, że jak związek zacznie się rozwijać, upłynie dużo czasu, to zniknie chemia.

Zostanie tylko spór o kołdrę i rosół, nie będzie już między nimi żadnej namiętności. A chodzi o to, żeby możliwy był i spór, i seks. Bo to odróżnia relację intymną od innych: łączy nas seks. W przyjaźni tego nie mamy. Dlatego miłość jest tak fascynująca. I nie wiadomo, kiedy ona się pojawi, a kiedy zniknie. My też nie jesteśmy w stanie tego parom wyjaśnić, możemy jedynie wspólnie zbliżyć się do poznania tej tajemnicy.

Bo to niezwykle migotliwy twór, wymyka się wszelkim definicjom.

I każda para widzi ją inaczej. Niektóre wręcz mylą ją z czymś zupełnie innym. Czas z jednej strony jest niezwykle ważny, żeby w ogóle móc kogoś poznać, ale z drugiej strony działa na niekorzyść tych, którzy wytrzymują w związku okropne rzeczy. Przypomina mi się taka para, której definicja miłości bardzo mnie zaskoczyła — przemoc, pragnienie kontroli i władzy były w niej silniejsze niż cokolwiek innego. To nie jest miłość, tylko podporządkowanie. Niestety czasami jest tak, że agresywne rozwiązania idą w parze z miłością. I my pracujemy z takimi parami.

Podobno terapeuci rzadko o to pytają, ich uwaga w tej kwestii jest uśpiona, ponieważ do gabinetów prywatnych trafiają pary z zamożnej klasy średniej. I stereotypowo terapeuci zakładają, że one raczej się nie biją.

Trudno mi sobie wyobrazić, że to może nie wyjść. Nawet jeśli nie wprost, to w klimacie sesji to czuć. Na przykład w rozmowie — agresję widać w tym, jak ludzie się komunikują. Nie dopuszczają się do głosu, ciągle sobie przerywają, każde chce, żeby akurat jego było na wierzchu. Jeśli coś takiego się powtarza, można się tym zaciekawić, dopytać: „Co się dzieje w takim momencie, kiedy jesteście sami w domu?". Może być też odwrotnie: pozornie miła atmosfera, nikt nie przerywa, pełna kultura, a mimo to czuć brak spontaniczności, swobodnych wypowiedzi, widać, że jedna osoba kontroluje sytuację, a druga bardzo się boi.

Pani pracowała w państwowym ośrodku.

Tak, i pracowałam z wieloma przemocowymi parami, dlatego wiem, jak trudno to ukryć. Bo to często jest ich główny kłopot, z tym przychodzą: nie mogą znaleźć słów, które pomogłyby im go rozwiązać. Wzajemna agresja jest często wyrazem bezradności. Zresztą takie pary przychodzą do szczególnych miejsc.

Jakich?

Dużych, w których pracuje zespół specjalistów. Myślę, że w tym jest nieświadoma mądrość pary: wiedzą, że mają problem naprawdę dużego kalibru i że do zajęcia się nimi potrzebny jest zespół. Muszą przyjść gdzieś, gdzie ich terapeuta będzie miał oparcie w innych. Zazwyczaj w takich sytuacjach potrzebne są różne formy wsparcia: terapia indywidualna, terapia dla dzieci, warsztaty radzenia sobie z emocjami — duże ośrodki mają kompleksową ofertę. Mnie to bardzo dobrze robiło: świadomość, że za ścianą są inni ludzie. Gdybym była sama, bałabym się, co się wydarzy.

No tak, para ma przewagę fizyczną.

Nie o tym myślę, nie bałabym się o siebie, tylko o parę, o to, co się zdarzy między partnerami. A gdybym się bała, pracowała w napięciu, pod presją, nie mogłabym myśleć. Podczas gdy to jest nasze główne zadanie: myśleć o tym, o czym para nie może myśleć, ponieważ jest pod naporem silnych, niemożliwych do nazwania i wytrzymania stanów, emocji. Pary, które nie mogą się dogadać i są przemocowe, często chcą, żeby terapeuta był sędzią. I przyznał komuś rację. Rozmawiam z nimi, dlaczego potrzebują mnie w roli sędziego. Dlaczego nie mogą mieć różnych zdań? O co chodzi?

Wracamy do nietolerowania różnic.

Tak, a tolerancja to jest kolejny warunek, poza czasem, żeby miłość mogła się rozwijać. Miłość nie jest idealnym połączeniem, brakiem różnicy, samą przyjemnością. Nie jest fantazją o bajkowym życiu. Nie jest iluzją, choć jej potrzebuje, żeby przetrwać.

Co to znaczy?

Iluzoryczne stany mają niezwykłą moc: z jednej strony potrzebujemy dobrze partnera poznać, racjonalnie na niego spojrzeć, ale z drugiej strony równie ważna jest umiejętność zawieszenia tego i powracania do pierwotnego stanu, kiedy zdecydowaliśmy, że to właśnie z nim spędzimy życie. Z jakiegoś powodu wybraliśmy tę osobę i przestaliśmy szukać dalej. Dobry związek to taki, w którym można mieć kontakt z rzeczywistością, ale też możliwość zawieszenia jej, powrotu do irracjonalnych, niezbadanych reguł zakochania.

Mamy doświadczenie pandemii, wybuchła wojna, wszyscy jesteśmy w trudnej sytuacji, żyjemy w dużym napięciu i niepewności jutra. Konfrontujemy się z różnymi historiami, traumami, bolesnymi doświadczeniami. I możemy wytrzymywać to mniej lub bardziej, także dzięki miłości.

A jaką pani ma definicję miłości?

Miłość kojarzy mi się z morzem. Z falami. Przypływa i odpływa, zaleje nas czasem ciepłym uczuciem, czasem orzeźwi, potem odpłynie, ale zawsze wróci. Trwa.

Nie ma zagrożenia, że zniknie bez słowa.

Tak. Szukałam takiego obrazu miłości, który by pasował do myśli, że jest zmienna, ale jednocześnie stale obecna. Myślę, że to obraz, który pojawia się i znika. Myślę, że to jest takie coś.

KAROLINA PNIEWSKA, psycholożka i socjolożka, psychoterapeutka, prezeska Sekcji Psychoterapii Par i Rodzin Polskiego Towarzystwa Psychoterapii Psychoanalitycznej. Zajmuje się psychoterapią indywidualną, par i rodzin. Pracuje w Warszawie. Prowadzi seminarium „O miłości".

Morfologia kłótni

O komunikacji
Rozmowa z Joanną Michałowską

O co chodzi z tą komunikacją? Dlaczego jest z nią taki problem?

Kiedy zaczynałam pracę jako terapeutka par, rzuciłam się z ochotą na wszystkie interwencje behawioralne, entuzjastycznie podchodziłam do zasad komunikacji w stylu: „Mów otwarcie", „Nie oceniaj", „Nie obwiniaj", „Nie krytykuj", „Opisz, co widzisz", „Uzgodnij, czy rozmówca chciał powiedzieć to, co słyszysz". Cała seria dobrych rad. Tylko kłopot polega na tym, że one nie działają.

Dlaczego?

Też sobie zadawałam to pytanie — rady nie są złe, pod warunkiem że stosują je osoby, które rozumieją, co się z nimi dzieje, potrafią nazywać swoje emocje i nimi zarządzać. A jednak często próby zmiany komunikacji okazywały się nieskuteczne. Zaczęłam głębiej się nad tym zastanawiać i doszłam do wniosku, że komunikacja jest tak trudna do zmiany, tak złożona i wieloczynnikowa, dlatego że każdy z nas jest systemem nadawczo-odbiorczym, czyli jedynym w swoim rodzaju odbiorcą i nadawcą.

Co to znaczy?

Od narodzin uczymy się rozpoznawać, nazywać i przetwarzać wszystko, co dociera do nas ze świata zewnętrznego. A ponieważ każdy z nas doświadczył w rozwoju jakichś deficytów albo traum, to budujemy różne mechanizmy obronne. I one na początku zapewniają nam komfort, ale potem mogą powodować różne zniekształcenia. Sprawiają, że tak a nie inaczej reagujemy, myślimy, interpretujemy świat. I pewne rzeczy widzimy, a innych nie, choć istnieją. Jedne nabierają znaczenia nieadekwatnego do sytuacji, inne są usuwane w cień i w ogóle ich nie zauważamy.

Dodatkowo nie jesteśmy świadomi tych mechanizmów.

Najlepszą wskazówką, że coś się dzieje w sferze nieświadomej, są emocje. Ale znowu: nazywanie ich jest bardzo trudne, niektórzy muszą naprawdę długo ćwiczyć, żeby umieć je rozpoznać i nazwać. Czasem są tak złożone, tak subtelne, że sama nie wiem, co ja w zasadzie w tej sytuacji poczułam. Bo wiem, że coś poczułam — ale co? Niepokój? Złość? Smutek, a może lęk? Mieszankę?!

Szeroki repertuar.

Wspaniale, jeśli emocje są czyste, jednoznaczne, u dzieci to widać najlepiej. Ale u dorosłych bywają szalenie złożone. W parze sprawa się dodatkowo komplikuje, bo spotykają się dwa systemy odbiorczo-nadawcze. I teraz pytanie: Co się dzieje między nimi? Żeby cokolwiek poprawić, trzeba najpierw zrobić porządek w tym obszarze.

Pary nie potrafią nazwać tego, co się między nimi dzieje?

Nie potrafią. Partner mówi: „Wszystko jest okej, nie ma żadnego problemu". A jego partnerka widzi karcący wzrok, słyszy podniesiony ton głosu. Widziała pani serial *Sceny z życia małżeńskiego*? Pierwszy odcinek to prawdziwa feeria złożonych, niespójnych komunikatów, mistrzostwo świata! Co innego mówią, co innego robią, i jeszcze coś innego z tego wynika.

Bardzo usztywniona para.

Nie potrafią być blisko. A to, jak budują swoją relację, widać na poziomie komunikacji. Z mojej perspektywy komunikacja to narzędzie do budowania relacji i ono wygląda tak, a nie inaczej, ponieważ każdy z nas nauczył się go używać w toku swojego rozwoju. Głównie w relacji z rodzicami, ale też z innymi znaczącymi osobami, które pojawiły się w naszym życiu. Była u mnie ostatnio para, której kłótnie miały wyjątkowo gwałtowny przebieg.

O co się tak kłócili?

Głównie to mąż krytykował żonę za jej sposób ekspresji. Ona była żywiołowa, miała temperament, szybko wybuchała i szybko gasła. Wszystko chciała robić natychmiast. Jej mąż miał zupełnie inny temperament, inne potrzeby, w tym miejscu w ogóle się nie spotykali. Jej żywiołowe wybuchy emocji były dla niego trudne do zniesienia, a jednocześnie cenił ją za spontaniczność i wrażliwość.

Co się między nimi działo?

On w toku swojego rozwoju nauczył się, że jeśli ktoś mu mówi, co ma robić, to znaczy, że ogranicza jego autonomię. Miał potwornie autorytarnego ojca, który narzucał mu swoją wolę do tego stopnia, że on jako szesnastoletni chłopak znalazł pracę i uciekł z domu, żeby móc postępować po swojemu. I kiedy ta żona wybuchała i kazała mu coś zrobić, to reagował w sposób, którego nauczył się w relacji z ojcem. Czyli zamykał się w sobie, obrażał, dystansował. Natomiast ona jego niezadowolenie odczytywała jako dezaprobatę i krytykę, których doświadczyła w relacji z ważnym dla niej nauczycielem. Czuła się niesprawiedliwie przez niego traktowana, wręcz krzywdzona, co z kolei prowokowało ją do walki o siebie jako osobę, która umie sobie radzić z najtrudniejszymi wyzwaniami.

Zaczęli taniec wokół relacji z przeszłości.

Kompletnie nieświadomi tego, co się między nimi dzieje. Trwało to całymi latami i dopiero gdy ich dzieci podrosły, zmusiły ich do szukania pomocy, bo miały już tego dosyć. Wszyscy mieli, oni też. Ale samodzielne wyjście poza ten schemat, wyjście z tego klinczu, było ponad ich siły i możliwości.

Jak można to zmienić?

Taniec różnych interakcji będzie powtarzany, dopóki nie dotrzemy do źródła. To jest jak płyta, która zacina się zawsze w tym samym miejscu. Kojarzy mi się to z moim bratem, który uczył się grać na skrzypcach i kiedy ćwiczył pewną sonatę, za każdym razem mylił się w tym samym fragmencie. Ilekroć ją słyszę, wykonywaną przez kogokolwiek, czekam na ten moment. I to jest właśnie coś takiego: wiemy już, kiedy i jak przebiegnie kłótnia, co się wydarzy, ale nie potrafimy tego przerwać.

Jedna z moich koleżanek powiedziała ostatnio, że zawsze bardzo się cieszy na powrót swojego partnera — po pracy albo po kilkudniowej podróży. Wyobraża sobie, że zjedzą kolację, porozmawiają. Po czym on wchodzi do domu, a ona natychmiast zaczyna na niego warczeć. Widzi to, ale nie umie tego zmienić.

Podbiję stawkę: nawet jeśli się to widzi, wie o tym i zna korzenie tego rodzaju zachowań, wciąż bardzo trudno je zmienić. To tak, jakby ktoś powiedział pani teraz: „Proszę nie myśleć o różowym słoniu". No, nie da się o nim nie pomyśleć. Im bardziej przeciwstawiamy się niechcianym, natrętnym myślom, tym bardziej one przy nas pozostają. Dlatego najbardziej pomaga tu akceptacja: uczymy się pozwalać tej myśli przepłynąć jak obłokowi na niebie. Aż w końcu wszystkie przepływające chmury rozrzedzą się i znikną. To daje znacznie większy pożytek.

Obawiam się, że mojej koleżance nie bardzo to pomoże.

Dlatego muszę wrócić do emocji: gdy patrzymy przez pryzmat naszego doświadczenia, to nawet sytuacje, które nie niosą żadnego zagrożenia, odczytujemy jako niebezpieczne. Można założyć, że powrót partnera pani koleżanki z jakiegoś powodu wydaje jej się zagrażający. Łączy się z lękiem, więc ona zakłada „wojenny kamuflaż". Gdzieś się tego nauczyła i cały czas nieświadomie patrzy przez pryzmat podobnych sytuacji, które z tą pozornie nie mają nic wspólnego. Dochodzi do aktywacji schematu — nie wiemy jakiego, ale wiemy, że jej reakcja jest nieadekwatna do sytuacji.

Do tego się powtarza.

Tak, i ona zdaje sobie z tego sprawę. W związku z tym prawdopodobnie odgrywa ciągle to samo, uaktywniając schemat, który dotyka jakiegoś bolącego ją miejsca. To trochę tak, jakbyśmy mieli na ciele siniaki, które nie chcą się zagoić. Jeśli niechcący ich dotkniemy, to one bolą, więc zaczynamy się bronić. I właśnie ten ból jest dowodem aktywacji schematu. Bronię się, żeby nie bolało. Kłopot polega na tym, że im bardziej się bronię, tym bardziej powtarzam to samo. Im bardziej chcę coś zmienić, tym bardziej tkwię w tym samym rytuale radzenia sobie. Rytuale, którego się nauczyłam i trzymam się go. Szczególnie skomplikowane jest to w parach, bo każdy nosi swoje siniaki, a tworząc nowy system…

… tworzymy nowe siniaki.

I żeby było śmieszniej, niektóre robią się w tych samych miejscach. W innych pojawiają się nowe, za to stare czasami znikają. Ludzie na ogół wchodzą w związek z ogromnym potencjałem: zakochani, pełni entuzjazmu, spontaniczni. Dopiero z czasem zaczynają patrzeć krytycznie na partnera, odkrywają różne rzeczy i dochodzi do pierwszego kryzysu. Ale jeśli para potrafi z niego wyjść obronną ręką, jest ogromna szansa na to, żeby dojrzeć, rozwinąć się, osłabić niektóre z negatywnych schematów i jednocześnie wzmocnić te, które są pożądane i powodują, że udaje nam się razem pchać nie tylko wózek pod tytułem związek, ale też ten z dziećmi. To jest możliwe, nawet bez terapii.

Od czego zależy, czy para sama przejdzie przez kryzys?

Od gotowości do przyjęcia innej perspektywy. Mój partner może mi pomóc zobaczyć rzeczy, których sama nie widzę, nie jestem ich świadoma. To nasza szansa, która powoduje, że bycie z drugim człowiekiem naprawdę blisko pozwala odkryć dużo informacji na swój temat. Czyli co innego, jeśli powiem: „W kółko robię to samo, ale nie umiem tego zmienić", niż jeśli partner powie: „Słuchaj, wracam do domu po czterech dniach i za każdym razem dzieje się coś takiego, że nie witasz mnie zbyt entuzjastycznie. Zastanawiam się, o co chodzi". Partner może nam pomóc w uświadomieniu sobie i nazwaniu różnych rzeczy.

Trudno sobie wyobrazić rozwój bez związków.

Jeśli związek jest bliski, dobry, to jest potężnym rozszerzeniem poznawczym. Nie tylko w takim sensie, że mąż lepiej obsługuje komputer niż ja i bez tego nie byłabym w stanie robić różnych rzeczy, tylko w takim, że dzięki niemu mogę lepiej poznać swoje zachowania i schematy. Bo gotowość, o której mówię, zależy od tego, jak one są silne. Gdyby ta moja żywiołowa pacjentka miała bardziej sztywny schemat, nie usłyszałaby, co mówi do niej partner. Na szczęście jest na tyle elastyczna, że udało się wprowadzić zmianę w jej relacji z mężem.

Od czego zależy ta sztywność?

Nie tylko od tego, co nas spotkało, bo tę samą sytuację jedno dziecko zapamięta jako coś bardzo traumatycznego, a po drugim ona spłynie. Ta wrażliwość czy podatność to cechy uwarunkowane biologicznie. Czasem się mówi: „Boże, te same dzieci, w tej samej rodzinie, a tak różne!". Ani te same, ani w tej samej rodzinie. Po pierwsze, one są kompletnie inne, mają inny temperament, a po drugie, nie da się urodzić w tej samej rodzinie, ponieważ ta rodzina cztery lata wcześniej była zupełnie inna niż wtedy, kiedy urodziło się kolejne dziecko. Doświadczenie każdego dziecka w tej samej rodzinie będzie inne, mimo iż będą też oczywiście elementy wspólne.

Czyli zmiana jest możliwa, pod warunkiem że jesteśmy elastyczni, a od tego z kolei zależy nasza gotowość na zmianę.

A to wszystko jest związane z tym, co na własny temat i na temat innych myślimy. Czy jestem przekonana, że zawsze mam rację, a inni powinni się dostosować? A może jestem skłonna do autorefleksji i wiem, że mogę się mylić, że czasem warto posłuchać partnera i zmienić swój sposób komunikacji? To zależy od wielu czynników i pokazuje poziom skomplikowania, a nie czystą receptę — co zrobić, żeby para była szczęśliwa. Źródła tego, co nazywamy problemami w komunikacji, leżą zwykle bardzo głęboko. Cała moja praca polega na tym, żeby ułatwić parze dotarcie do nich i nazwanie ich.

Para rozmawia przy pani, a pani to obserwuje? Czy raczej partnerzy się kłócą?

Pozwalam im się kłócić, ale nie w nieskończoność. Na ogół zatrzymuję gorącą wymianę zdań, mówiąc partnerom, że trochę lepiej rozumiem, co się dzieje, ale chciałabym to z nimi omówić i podsumować, jaka jest — że tak powiem — morfologia kłótni. Jednak częściej pomagam im nie zboczyć na manowce awantury czy samej ekspresji emocjonalnej. Daję im okazję do rozmowy na tematy, które trudno im omawiać samodzielnie. Jeśli okazują się trudne, to emocje biorą górę i zakłócają komunikację. Chociaż są świadectwem tego, jak dany temat jest dla obojga ważny. Można powiedzieć, że trafia czasem w czułe miejsce. Czułe, czyli bolesne. A jak boli, to boli. I wtedy ludzie wyją z bólu — ja tak rozumiem złość. Bo złość pomaga nie czuć.

Często przykrywa inne emocje, na przykład smutek albo lęk.

Co robi człowiek, jak skręci nogę? Krzyczy, z automatu. Złość jest ciekawą emocją, bo na ogół dowodzi, że coś boli, że coś jest ważne. I jednocześnie pomaga nie czuć bólu. Skrajne, ale z tym mi się kojarzy: kiedy robiono operacje podczas wojny i nie było środków znieczulających, dawano żołnierzom szpatułkę do gryzienia albo pozwalano im krzyczeć. Więc z jednej strony złość chroni przed bólem, z drugiej daje energię, siłę do zmiany.

Ale może też utrwalać konkretny repertuar zachowań w parze, podtrzymując negatywne wymiany emocjonalne.

Wtedy jest hamulcem zmiany. Kiedyś na przykład pary przychodziły z takim problemem: jedno oczekiwało, że drugie coś będzie robić, ale tak się nie działo. Zresztą do tej pory spotykam się z takimi przepychankami — ja to nazywam zespołem klapy od sedesu, ponieważ ktoś z uporem nie zamyka tej klapy, a ktoś inny się tego domaga. I wokół tego toczy się niesamowita wojna. W ogóle uważam, że każda para ma...

...swoją klapę.

Prawda? Te wszystkie skarpetki na podłodze, kubki schowane tam, gdzie powinny być szklanki — to śmieszne drobiazgi, które pokazują mechanizm tego, co się dzieje w parze. Jeżeli jakaś sytuacja się powtarza, to znaczy, że na starym siniaku powstaje nowy, albo raczej nowy wokół starego. Ja na przykład oczekiwałam, że mój mąż raz na jakiś czas pozmywa. No i oczywiście co robiłam? Suszyłam mu głowę. Przypominałam, powtarzałam, w końcu on się wściekał i zmywał.

No to sukces.

Ostatecznie tak, no bo co się stało? W jakimś sensie utrwaliliśmy ten mechanizm: ja, która zrzędzę, i on, który się wkurza. A tak naprawdę chodziło o coś zupełnie innego. Teraz już na szczęście zmywa bez mojego zrzędzenia, ale bez pewnej gotowości do zmiany i wysłuchania drugiej strony nigdy by do tego nie doszło. Po prostu potrzebna jest rozmowa, głównie o potrzebach, a nie oczekiwaniach, w której oboje będziemy się w stanie nawzajem wysłuchać. Potrzebujemy autonomii i sprawiedliwości. Myślę, że często zwłaszcza ta druga potrzeba bywa niedostrzegana: ona prosi, grozi, krzyczy, żeby on posprzątał, a on uważa, że skoro pracuje tyle godzin, zarabiając na rodzinę, to podejmuje wysiłek w jego ocenie równoważny wysiłkowi partnerki. Może tak być.

Może być też tak, że nie chce tego robić albo nie potrafi.

Odzywa się w nim zbuntowane dziecko, które mówi: „Jak ty mi każesz coś robić, to ja właśnie nie będę tego robił — im bardziej mi każesz, tym bardziej nie zrobię". Nie wiemy, gdzie jest rozwiązanie tej zagadki, ale gdzieś jest. I trzeba go poszukać, żeby pójść właściwą drogą. No, ale to oczywiście wymaga rozmowy, w której trzeba być gotowym na słuchanie. A wysłuchanie kogoś bez oceny, bez oskarżania, przyjmując czyjąś wersję, nawet jeśli wydaje nam się absurdalna, to bardzo rzadkie zjawisko.

Zataczamy koło: bez elastyczności nie ma gotowości, a bez niej nie ma szans na zmianę.

Jest jeszcze jedno: na ogół jak para zgłasza się na terapię, to każdy z partnerów uważa, że gdyby drugie się zmieniło, wszystko byłoby super. Terapeucie przypisuje się rolę sędziego, który ma rozstrzygnąć, kto zawinił, i wydać werdykt. A potem już wszystko będzie dobrze, bo druga strona podporządkuje się temu werdyktowi. Mówię wtedy takiej parze, że do sądu to oni owszem, mogą iść, tylko że każde z nich musi zatrudnić adwokata. I pytam, czy się zgodzą zostać adwokatem partnera.

Co odpowiadają?

Są bardzo zdziwieni. Może dlatego, że mają konkretne oczekiwania już w momencie, kiedy wchodzą w związek. Czasem używam takiej metafory: kiedy para bierze ślub, to każde z narzeczonych przynosi ubranie dla swojego partnera. On przynosi dla niej suknię, ona dla niego garnitur, i nawet jeśli są niedopasowane, nikomu to nie przeszkadza. Dopiero z czasem zaczynają zauważać, że sukienka jest za krótka, a marynarka ma za długie rękawy. I co wtedy próbują zrobić? Czy chcą zmienić stroje?

Chcą zmienić partnera.

Dążą do czegoś, co jest absurdalne — do ideału. A w toku życia okazuje się, że to niemożliwe, że partner nie spełni tych oczekiwań. Dlatego dobrze sobie zadać pytanie: „Czy mogę być z kimś, kto ideałem nie jest?". Właściwie wszystko jedno, czego nasze oczekiwania w parze dotyczą, ważne jest to, żeby ustalić, który obszar życia kto kontroluje. I kto gdzie oddaje władzę, a gdzie ją trzyma. Bo oczekiwanie, że ktoś się dostosuje do moich potrzeb, i kłótnie o to, to nic innego jak walka o władzę. Dopiero kiedy nauczymy się współpracy, ustalimy, gdzie jest czyj teren. I przestaniemy się kłócić.

Ale jak to ustalić, żeby obie strony były zadowolone?

Uważam, że zasada sprawiedliwości jest nie do spełnienia, natomiast zasada równowagi już tak. Dlatego jeśli mój wysiłek równoważy się z wysiłkiem mojego partnera i oboje to widzimy, doceniamy i szanujemy, to jest okej, mimo że nie jest sprawiedliwie. Każdy robi to, w czym czuje się dobrze, to, co potrafi i tyle, ile może.

Czytałam badania, według których prawie dziewięćdziesiąt procent polskich par uważa, że jedno z partnerów w trakcie kłótni powinno się wycofać dla świętego spokoju. Skąd w nas ten lęk przed konfrontacją? I brak umiejętności sensownego kłócenia się?

Według innych badań zasada unikania konfrontacji staje się strategią radzenia sobie z konfliktem. Dla świętego spokoju nic nie powiem — tylko że to nie daje świętego spokoju, bo nie prowadzi do żadnej zmiany, czyli rozwiązania. Kłótnie same w sobie nie są złe, ale eskalowanie ich też nie ma sensu, bo na pewnym poziomie wchodzenia w czerwone pole dochodzi do niepotrzebnego ranienia drugiej strony. Dlatego czasem wycofanie się, nie dla świętego spokoju, tylko w celu zakończenia sprzeczki, ma sens. Nie przesadzałabym z zaleceniami spokojnej, rozsądnej, pozbawionej emocji rozmowy, bo w kłótni uruchamiają się zwykle nasze mechanizmy dziecięce. I nie może być inaczej. Ważne, żeby po dziecięcej fazie kłótni do pokoju weszli dorośli.

W filmie *This is 40* jest wspaniała scena kłótni małżeńskiej: para najpierw próbuje rozmawiać tak jak w gabinecie terapeuty, używając wszystkich eleganckich sformułowań, próbując nie ranić siebie nawzajem. Ale szybko przechodzi na swój stary, rozszalały tryb. Okazuje się, że język z gabinetu jest potwornie sztuczny.

Jest! Nie da się ukryć. Kłótnia służy przecież wyrażaniu emocji, zaznaczaniu swoich granic. Nie da się jej przeprowadzić w spokojnej atmosferze. Dlatego ostatecznie nie język jest w niej najważniejszy, tylko to, żeby się zastanowić, o co nam chodzi. Co sobie w ten sposób próbujemy powiedzieć? Co nam to daje? Opowiem o pewnej parze, mimo iż znam ją tylko z relacji pacjentki, która przychodzi do mnie indywidualnie. Zresztą uważam, że nad związkami można pracować indywidualnie.

Kiedy zmienia się jeden element...

...to siłą rzeczy musi się zmienić relacja. Dziewczyna ma trzydzieści osiem lat, weszła w związek cztery lata temu. Długo nie mogła znaleźć odpowiedniej osoby — albo była wykorzystywana, albo sama wykorzystywała. Było jej bardzo trudno. W końcu trafiła na faceta, który był najbliżej jej ideału, pojawiło się dziecko, które radykalnie zmieniło ich relację. Ona zamieniła się w doskonałą, dbającą o każdy szczegół, spełniającą się zawodowo matkę. Ale bardzo ją to oddaliło od partnera. I zaczął się kryzys. Totalny. Nie potrafili sobie z nim poradzić.

Poszli na terapię?

Tak. I dzięki temu zrozumieli, jak bardzo są do siebie podobni i jak dużo, mimo tarć i kłótni, w tak krótkim czasie zbudowali. Właściwie po dwóch sesjach otworzyły im się klapki na rzeczywistość, na którą do tej pory zamykali się w poczuciu krzywdy i odrzucenia. Oboje w głębokim poczuciu żalu coraz bardziej się od siebie oddalali, powielając nieświadomie modele zachowań ze swoich rodzin. Tylko że oni nie są swoimi rodzicami, są znacznie, znacznie dalej. I mają tę gotowość, do której ciągle wracam.

Ale to chyba ewenement: dwa spotkania i po sprawie.

Myślę, że nie. Moim zdaniem większość par przechodzi jakąś formę zażegnania kryzysu czy uzdrawiania relacji, będąc ze sobą. Bez terapii. Oczywiście, ilu ludzi, tyle związków, więc uogólnienia to droga donikąd. Są jednak takie siły między ludźmi, które powodują, że pary zostają ze sobą, nie rozstają się. Wiedzą, że związek to wartość. Nie tylko dla nich, ale też dla ich dzieci, a potem wnuków. Co mogę z radością i satysfakcją obserwować jako babcia. I cieszyć się efektem tego, że udało się zostać razem.

I przede wszystkim dogadać się w sprawie zmywania.

To ostatecznie tylko metafora!

JOANNA MICHAŁOWSKA, psychiatrka, psychoterapeutka poznawczo-behawioralna, terapeutka par. Od wielu lat kierowniczka do spraw merytorycznych w Poradni Dorosłych Centrum CBT w Warszawie. Jej zainteresowania obejmują leczenie zaburzeń afektywnych, lękowych, osobowości oraz trudności w relacjach. Współautorka publikacji *Diagnoza par i małżeństw w podejściu poznawczo-behawioralnym*.

Instrukcja obsługi partnera

O przekazach międzypokoleniowych
Rozmowa z Magdaleną Sękowską

Odkąd usłyszałam wykład, podczas którego wspomniała pani o programie „Ślub od pierwszego wejrzenia", nie mogę się od niego oderwać.

Ja na to patrzę jak na zjawisko społeczno-psychologiczne: jak to się dzieje, że ludzie decydują się na udział w takim programie, a potem unikają wszystkich elementów tworzenia relacji z drugą osobą? I kiedy po jednej stronie rodzi się bliskość — bo niektórzy są bardziej ufni i otwarci, to z drugiej natychmiast pojawia się jakaś tama, unik, ucieczka. Dla mnie to jest ciekawy program o nielogiczności naszej psychiki.

I o tym, jak ludzie konfrontują wyobrażenia na swój temat z tym, jacy są w związku. Okazuje się, że jedna cecha, której nie akceptują, może skreślić wszystko — na przykład to, że ktoś ma rude włosy. Jak na osoby, które zdecydowały się na tak radykalny eksperyment, wydało mi się to zaskakujące — totalny brak przestrzeni na obserwację i poznawanie osoby, z którą przecież wzięły ślub.

Brak miejsca na dostrajanie się. Ono ma się pojawić od razu, a jeśli tak nie jest, to znak, że jesteśmy z nieodpowiednią osobą. Wydaje mi się, że dziś wielu ludzi ma dość konkretne wyobrażenie o tym, jak powinien wyglądać związek, partner zresztą też. Lepiej, żeby był blondynem niż brunetem, albo lepiej, żeby był owłosiony niż nieowłosiony, różne mamy preferencje...

Ale zawsze musi być wyższy.

Niektóre kobiety mówią: mądry, żeby było o czym porozmawiać. Ale to jest kwestia wizji, w realnym życiu często zaskakują nas własne wybory — wybieramy niskiego, z innym kolorem włosów niż ten wymarzony, ponieważ wybór nigdy nie jest podyktowany jedną kategorią, tylko zespołem różnych czynników, które powodują, że w tym momencie mojego życia bardziej skłaniam się do tej osoby, a nie innej. Czyli nie mogę powiedzieć, z kim chcę być, zanim ten ktoś nie pojawi się w moim polu widzenia.

Poza tym, nawet biorąc pod uwagę wszystkie te cechy, łącznie z zapachem, trudno przewidzieć, czy dwie osoby się sobą zaciekawią.

Dlatego właśnie ten eksperyment mnie zainteresował: jest w nim skrajna parametryzacja czynników — od wzrostu i zapachu, przez wykształcenie, zawód, do klasy społecznej i pasji. Każdy z nich oddzielnie jest znaczący. Ale wszystkie razem? Przecież ludzie o podobnym temperamencie mogą się ze sobą świetnie czuć, ale ci z zupełnie innym też. Wszystko, co psychiczne, trudno ubrać w jakąś regułę — musi się dopiero sprawdzić w relacji. Bo związek to nie jest suma osób, tylko to, co powstanie, kiedy się spotkają. Bardzo podoba mi się definicja Junga, który mówi, że para jest jak związek chemiczny — substancje się spotykają i wytrąca się z nich coś trzeciego.

Gorzej, jeśli jedna osoba myśli, że coś się wytworzyło, a druga nie. Poszłam kiedyś na randkę, która nie była zła, ale nie widziałam potencjału, więc przyparta po kilku dniach do muru, napisałam, że nie spotkamy się już, bo nie ma chemii. Na co on odpowiedział: „Moim zdaniem jest".

I to też widać w programie: często jedna strona zauroczona partnerem próbuje walczyć, ale bez zaangażowania tej drugiej szybko traci zapał. Poza tym mam wrażenie, że ludzi bardziej interesuje ślub niż poznanie osoby, z którą mają go wziąć. Ale to nie tylko kwestia programu, widzę to też w życiu par, które do mnie przychodzą: kultura powoduje coś takiego, że ślub jest przedsięwzięciem na miarę dwóch lat. Gdy para zaczyna go planować, to przez dwa lata nie poznaje siebie, tylko organizuje to jedno wydarzenie. Trzeba załatwić kwiaty, tort, suknię, odpowiednie zaproszenia — towarzyszę czasem parom w takiej sytuacji i myślę: „O matko, jest między nimi autostrada, po której jedzie tir, a na nim jest napisane: «Przedsięwzięcie to nasz ślub», a nie życie".

Może mogą się poznać po ślubie?

Zwykle jest tak, że kiedy ekscytacja mija, rozpakują już wszystkie prezenty i potem zaczynają się poznawać, to nie zawsze pojawia się wspólna treść. Pary narzekają, że nie mają o czym ze sobą rozmawiać. Zamiast tej treści pojawiają się czasem jakieś aktywności i one nawet mogą być do pewnego momentu użyteczne, ale wkrótce się okazuje, że wspinaczka po górach, jazda rowerem, chodzenie po knajpach niestety nie wystarcza. Brakuje więzi, to ona jest ważna. Jeśli nie zbudujemy jej na początku, to potem, kiedy będzie więcej obowiązków, rutyny, ona nie będzie miała pożywienia, dzięki któremu będzie mogła rosnąć.

Zdaje się, że pokolenie trzydzieści, czterdzieści plus nie bardzo wie, jak ją budować. Stąd popularność wszelkiej maści warsztatów intymności. Nie nauczyliśmy się budowania więzi, bliskości, intymności? Czego nie wzięliśmy od swoich rodziców?

Pokolenie rodziców dzisiejszych trzydziestolatków skupiło się na budowaniu innej rzeczywistości od tej, którą mieli ich rodzice. Ja jestem z tego pokolenia i wiem, że nasi rodzice dbali przede wszystkim o to, żeby przetrwać. Niosąc za sobą zresztą różne traumy: moja mama była w obozie pracy, ojciec też. Problem polega na tym, że chcąc stworzyć lepszy byt dzieciom, mniej skupiali się na pokazywaniu relacyjności, emocji, rozmowie o nich. Ale wiem też, że każde pokolenie ma jakąś swoją dominantę, która jest sposobem na poradzenie sobie z tym, z czym wcześniejsze pokolenia sobie nie poradziły.

Niestety w tej dominancie zwykle brakuje czegoś, co będzie odrabiało następne pokolenie.

Nie bez powodu wśród trzydziestoparoletnich mam jest mnóstwo blogerek — kiedyś to było nie do pomyślenia, mamą się po prostu było. Miałyśmy do dyspozycji dwie książki na krzyż, a w razie problemów szłyśmy do lekarza. Koncepcje rodzicielstwa — te dotyczące bliskości albo pytań: karać czy nie karać? — to są wątki, które w poprzednim pokoleniu pojawiały się znacznie rzadziej.

Czy priorytety osób wchodzących w związki ostatnio się według pani zmieniły?

Myślę, że kobiety mają wyższe wymagania. Kiedyś wystarczyło, że mężczyzna był, wykazał jakieś zainteresowanie, pracował. W tej chwili kobiety mają oczekiwania dotyczące relacyjności. To, że są znakomicie wykształcone, to już właściwie oczywiste, ale wiele z nich też robi kariery i świetnie zarabia — czasem mówią mi, że jak idą na randkę, na którą umówiły się przez aplikację, to zostawiają samochód trzy ulice dalej, żeby to nie miało wpływu na to, jak zostaną odebrane. Kobiety szukają partnerstwa, dostrojenia, i co ważne: zrozumienia w drugiej osobie.

A mężczyźni?

Oczekują wyrozumiałości. I elastyczności. Chcą z partnerką tworzyć dom, ale jednocześnie mieć obszar autonomii, możliwość odłączenia się po to, żeby potem móc znaleźć coś wspólnego. Ale dużą różnicę widzę w jeszcze młodszym pokoleniu, u osób dwudziestoletnich, które oczekują, że związek będzie trochę jak wypełnienie ankiety. Patrzą na opis: chce mieć dzieci, interesuje się kulinariami, ma fajną pracę — jesteśmy bardzo podobni. A potem trafiają do mnie, po roku, dwóch latach bycia ze sobą i obalają ten mit.

Dopadają ich przekazy międzypokoleniowe?

One dopadną każdego, ponieważ to są wzorce naszego funkcjonowania: myślenia, przeżywania, wyrażania emocji i działania, którymi nasiąkamy w rodzinnym domu. Są rodziny, w których nie mówi się o emocjach i nikt nie wychodzi poza ten wzorzec, bo przynależność do rodziny oznacza lojalność. A lojalność międzypokoleniowa jest między innymi w tym, że emocji się nie ujawnia. To są mechanizmy nieświadome — my tak nie myślimy, tylko funkcjonujemy.

Przyjaciółka opowiadała mi, że poszła na obiad do rodziny swojego partnera — zauważyła, że jego ojciec nie jest w najlepszym nastroju, więc zapytała, czy jest smutny. Partner zaczął ją kopać pod stołem, cała rodzina zamilkła.

Przekazy międzypokoleniowe ujawniają się w tym, co mówimy, ale też w tym, o czym nigdy nie mówimy. W tym, jak reagujemy na różne sytuacje, jak radzimy sobie z problemami i jak umiemy coś świętować. Jeśli przez całe życie, gdy czujemy radość, słyszymy natychmiast: „A z czego ty się tak cieszysz?!", to prawdopodobnie to uwewnętrznimy i w dorosłym życiu sami zaczniemy się cenzurować. Przekazy wypełzają w różnych przekonaniach, często zaskakujących. W tym, jak myślimy o ciąży albo jak traktujemy pracę. Cenimy niezależność czy nie? Czy z kobietami rozmawiamy inaczej niż z mężczyznami? Z pokolenia na pokolenie obserwujemy pewne zachowania, konkretne sposoby rozwiązywania konfliktów, sposoby ukrywania czegoś albo sposoby na poprawianie sobie nastroju — i to uwewnętrzniamy.

Słyszymy je wprost?

Czasami tak, jednak częściej dzieje się to poza słowami. Zajmuję się skryptami międzypokoleniowymi od dwudziestu pięciu lat, a od ponad trzydziestu stosuję metodę obserwacji dziecka i rodziców w warunkach naturalnych. Czyli idę do ich domu. Mam zgłoszenie jakiegoś problemu, więc patrzę, jak rodzina funkcjonuje. Rodzice chcą się dowiedzieć, co robią dobrze, a co źle.

Umawiają się z panią profilaktycznie?

Tak. I myślę, że to bardzo rozwojowe. Idę na parę godzin, obserwuję ich przy jakiejś grze planszowej albo podczas obiadu, ewentualnie przysłuchuję się luźnej rozmowie. Oczywiście nie jest tak, że siedzę jak mumia i milczę, jestem z nimi w interakcji. I widzę różne wzorce funkcjonowania — sam wystrój domu jest ważny, meble, to czy wszystko jest pochowane, czy może na wierzchu, każdy dom ma swój zapach. Dopiero jak widzę rodzinę w tym kontekście, więcej rozumiem.

Na przykład?

Czemu dziecko ma zaburzenia kompulsywne. Co się dzieje z elementami porządku i czystości. Kto w domu tego pilnuje i jak to się objawia w przestrzeni rodzinnej. Dziecko mówi: „Jejku, coś się pani wysypało z torebki, niech pani to zbierze, bo tato się wkurzy!". Albo widzę, jak matka chodzi i wszystko poprawia — książki muszą leżeć symetrycznie, dywan równo, zasłony też. Myślę wtedy, że to jest rzeczywistość, w której wyrasta dziecko i jego wzorzec jest kompulsywny, ale czy to znaczy, że samo dziecko też? Rodzice bardzo dużo przekazują dzieciom nieświadomie — rozmawiamy potem i oni w ogóle nie mają pojęcia, że robią coś, co tak konkretnie wpływa na zachowanie ich dziecka.

Spełnia pani marzenie każdego reportera: wejść do czyjegoś domu i patrzeć, jak żyją jego mieszkańcy.

Freud mówił, że praca psychoanalityka jest jak praca archeologa: z różnych małych skorupek trzeba złożyć całość. Ta metafora jest mi bliska, faktycznie uwielbiam taką pracę, że tu mam kawałek, tam mam kawałek, ale dopiero składając je w całość, mogę pomóc rodzinie. Muszę zobaczyć wewnętrzne mechanizmy, które powinny regulować zdrowe relacje. Przy czym zdrowe nie znaczy przyjemne.

A jakie?

Realne. Czasami zaspokajające, a czasami frustrujące. Takie relacje, w których jesteśmy zadowoleni, ale przeżywamy też wstyd, smutek i złość — emocje postrzegane jako negatywne, choć żadna emocja taka nie jest, dopóki nie działa negatywnie na nasze przystosowanie się do środowiska. Budowanie relacji musi mieścić w sobie całe spektrum doświadczeń, nie tylko przyjemność. Myślę, że dziś jest to trudne: nie tylko w relacjach między partnerami, ale też między rodzicami i dziećmi. Myślimy dziś, że kiedy dziecko się złości, szybko to należy czymś przykryć, jakoś je z tej złości wybić. A jak jest smutne, to już w ogóle katastrofa, oznacza, że jestem złym rodzicem. Tymczasem dobry rodzic to taki, który zaspokaja, ale również stawia granice. Musi być równowaga.

Jakie różnice obserwuje pani w przekazach międzypokoleniowych, odwiedzając rodziny w ich domach?

Widzę różnicę w przesunięciu punktu ciężkości z takiej stanowczości, która piętnaście, dwadzieścia lat temu była oczywista, w stronę mniej jednoznacznych zachowań. Kiedyś widziałam więcej obszarów, w których było wiadomo, że coś jest do negocjacji, a coś na pewno nie. Dziś tak nie jest — rodzice chcą być stanowczy, ale szybko przechodzą w uległość, zaciera się ta granica. Jest wiele rodzin, w których dziecko jest dyrektorem.

A przekazy między partnerami?

Pojawia się dużo elementów związanych z poczuciem własnej wartości. I wielka wrażliwość na komunikaty. Ktoś przyjdzie i powie: „A dlaczego tutaj tę łyżeczkę położyłaś?". I natychmiast robi się z tego punkt zapalny: „A co ty się tak wtrącasz i czemu ciągle się mnie czepiasz?".

Są pary, które w ogóle nie ujawniają swoich potrzeb. Nie mówią o tym, że nie do końca jest im dobrze. Ale przede wszystkim mam poczucie, że w ogóle nie umiemy mówić o relacjach. Nie potrafimy usiąść i powiedzieć: „Słuchaj, jak widzisz nasz związek? Czy jest coś, o czym powinnam wiedzieć? Coś, czego nie zauważam, a jest dla ciebie ważne?". I nie mówię o rozmowie w sytuacji katastrofalnej, tylko raczej w kontekście informacji zwrotnej.

Aktualizacji.

Tak, bo mogę nie wiedzieć, co się w tobie dzieje. A najgorsze jest domyślanie się albo narzekanie — niestety obie te opcje lubimy bardziej niż zwyczajną rozmowę. Wolimy narzekać na wzorce z rodzin albo kontakty partnera z rodziną pochodzenia. Trudniej nam dostrzec pozytywne strony, na przykład to, że jeśli partner ma silne kontakty z rodziną, konsultuje z bliskimi różne rzeczy, to może oznaczać, że jest otwarty, gotowy na różne punkty widzenia. Że się nie odcina. A to, że u mnie było inaczej i nie mam potrzeby omawiania co drugiego zakupu z matką, także może być zasobem — dzięki niemu mogę pokazać partnerowi, że czasem dobrze pójść w kierunku samodzielności. Tymczasem w związkach zachowujemy się często tak, jakbyśmy przyszli z dwiema walizkami — ja ze swoją, ty ze swoją, i teraz musimy ustalić, która jest lepsza. Zamiast stworzyć trzecią walizkę z tego wszystkiego, co mamy. Bo od historii rodzinnych i tak się nie odetniemy, szczególnie w sytuacjach trudnych, traumatycznych, stresujących na pewno uruchomimy wzorce z naszych rodzin pochodzenia.

Na przykład?

Widzę to u siebie: jak coś się dzieje, natychmiast muszę decydować. Tak było u mnie w rodzinie — zarządzała moja mama. Natomiast mój mąż ma taki wzorzec, że jak jest zagrożenie, komuś coś się dzieje, to on najpierw musi skrytykować tę osobę: „Po co tam szła? Trzeba było nie wychodzić!". Tak robili jego ojciec i dziadek, i on też tak robi. Ale odkąd wiem, jaka jest jego intencja, rozumiem, że on to robi z troski. Warto poznawać wzorce partnera — nie tylko jako historie rodzinne, ale też skarbnicę podpowiedzi, jak go rozumieć. To tak, jakbyśmy dostali partnera z instrukcją obsługi: trzeba trochę poczytać, co oznaczają pewne zachowania.

Rozumiem, że zauważenie wzorców i przebranie tego spadku to jedno. A drugie — umieć sobie z nim poradzić.

Można się z tym uporać, ucząc się analizy skryptów międzypokoleniowych. Tylko że potem trzeba to wprowadzać w praktyce. Inaczej się nie da. Ważne, żebyśmy budując więź, wkładali do niej to, co nas scala, nie to, co nas oddala. Wtedy można sobie poradzić z różnymi przekazami. Są rodziny, w których na sytuacje trudne reaguje się somatyzowaniem — jak coś się dzieje, od razu pojawiają się problemy gastryczne albo silne bóle głowy. Widząc taki wzór, można powiedzieć do partnera: „Chodź, usiądź tu, porozmawiajmy. Może jest mi łatwiej nazwać te emocje, mówić o nich, pomogę ci w tym".

A jeśli partner jest z domu, w którym mówiło się o wszystkim poza emocjami?

Warto zacząć od pokazania naszej otwartości. Czasami kobiety mówią do męża: „A ty w ogóle przez cały dzień żadnego mi sygnału ciepłego nie wyślesz!". Pytam wtedy: „A pani jakie wysyła? Jak może pani tego nauczyć partnera?". Bo tego można uczyć: zostawiać karteczki, drobne prezenty, napisać coś nagle w środku dnia. Ważne, żeby zacząć i czekać, co się będzie działo, nie naciskać. Czasami wymagamy czegoś od partnera, myśląc, że on miał tak samo jak my. Ważne, żeby zobaczyć, że mógł mieć zupełnie inaczej, że nasze historie są różne. I czy to, czego od niego oczekuję, jest aktualnie w zakresie jego możliwości.

Co, jeśli nie jest?

Wtedy powinno się pojawić wspólne uczenie się. A jeśli wciąż się nie udaje, trzeba się zastanowić, czy to jest coś, bez czego mogę żyć, funkcjonować w tym związku. Myślę, że związek to najpiękniejsza przestrzeń międzyludzka, w której możemy się wzajemnie uczyć czegoś, czego nigdy nie nauczylibyśmy się poza tym związkiem. Nie zawsze jego istota jest w tym, co przyjemne. Czasem trzeba przejść kawał drogi.

Myśli pani, że to znak czasu, jeśli chodzi o związki? Oczekujemy przyjemności, a jeśli jej nie ma, odchodzimy, bo to jest łatwiejsze?

Myślę, że jesteśmy bardziej niecierpliwi. Czekamy na szybkie spełnienie i szybko oceniamy, dajemy mniej pola na zrozumienie. A rzeczy nie są jednoznaczne, psychika nie działa zero-jedynkowo, to, że ktoś nie potrafi ujawniać emocji, może mieć całą masę przyczyn. Tymczasem mam poczucie, że ludzie bardzo szybko mówią: „Pani Magdo, mamy niezgodność charakterów, jesteśmy różni!". Problem polega na tym, że jak do mnie przyjdą i tak powiedzą, to ja im odpowiem: „Świetnie! Różnica nie oznacza, że nie możecie ze sobą być". Tak samo jak zgodność nie oznacza, że będzie dobrze, bo może doprowadzić do monotonii, nudy. W terapii systemowej mówi się o tym, że najlepsza w naszym życiu jest optymalna różnica — nie za duża, ale też nie za mała, żeby system, czyli rodzina albo para, nie wszedł w utarte koleiny.

Dlaczego pani to wybrała? Czy to nie jest potwornie trudne?

To jest świetne! Kiedyś pracowałam z parami, a potem miałam przerwę, bo powiedziałam sobie, że dopóki sama nie ustabilizuję swojego życia w parze, nie poczuję, że kocham i jestem kochana, to mogę nieść różne, niekoniecznie potrzebne rzeczy, wchodząc w pole par. Ale kiedy poczułam, że już jest ten moment, wróciłam. I myślę, że związek to przepiękna przestrzeń do dziania się, bardzo dynamiczna. Nie wystarczy spojrzeć na jedną osobę i drugą, trzeba widzieć to, co pomiędzy nimi. Zawsze mnie to pociągało. Jednocześnie nie da się ukryć, że to trudna praca, bo trzeba zdać sobie sprawę z tego, że klientem jest para, a nie pani Zosia czy pan Piotr. To przyłączanie się i odłączanie — raz z jednym, raz z drugim, praca z diadą oczywiście nie jest łatwa. Zwłaszcza że ciągle jestem w polu emocji. Ja też przeżywam.

Jest coś, co panią w parach drażni?

Kiedy niełatwo nam przejść z fazy eskalacji do kolejnego etapu terapii. Kiedy przychodzą i ciągle się kłócą, i nie da się ich w tym zatrzymać. Jakby to tłuczenie się, ta walka coś przynosiły. Czasem ten moment konfliktu musi trwać, ale on bywa bardzo trudny.

Czy pani czasem widzi na samym początku terapii, że nie ma już czego zbierać?

Nie.

Naprawdę?

Naprawdę. Nawet by mi to do głowy nie przyszło. Bo bez względu na to, co mówi i jak się zachowuje para, jest w niej zwykle jeszcze jakaś energia. Oni, siedząc tu, wytwarzają jakieś pole. Czasami mówią: „Nie, w ogóle nie, nie ma szans, żeby to się udało". Ale jednocześnie widzę, że on na nią zerka, ona go czasem dotknie. A poza tym zawsze myślę, że skoro przyszli, to jakaś nadzieja ich tu przyprowadziła, coś w nich jest, nawet najdrobniejszego, jakaś energia. Zobaczmy, co z tej energii wyjdzie.

Czy pani zawód przekłada się jakoś na życie prywatne?

Kiedy jestem na lotnisku albo w pociągu, lubię obserwować ludzi, których nie znam. Czasem siadamy z mężem — on też jest terapeutą par — w Gdańsku, na pobrzeżu, mamy takie ulubione bistro, w którym jemy rybę, pijemy piwo i gapimy się. Latem okna są pootwierane, przed nami przewijają się ludzie.

Opowiadacie sobie, co widzicie?

Nie. Przeżywamy to w milczeniu, ale między nami robi się jakiś inny rodzaj przestrzeni. Czasem któreś powie: „Patrz, jaka fajna para". Takie zatrzymanie się na chwilę.

Co panią szczególnie wzrusza w obcych parach?

Kiedy ludzie są na siebie wrażliwi, widać, że są ze sobą. Idą obok, ale co jakiś czas coś powiedzą, spojrzą na siebie albo się dotkną. Zamraża mnie natomiast brak kontaktu na każdym polu, totalna cisza albo brak przepływu — jedna osoba mówi, a druga jest odłączona. Myślę, że ta wrażliwość i synchroniczność to jest coś, co powinniśmy pielęgnować, uczyć się ich od początku. Reaktywność na drugą osobę jest niezwykle ważna. Dlatego uważam, że jako społeczeństwo wszyscy powinniśmy uczyć się tańczyć tango.

MAGDALENA SĘKOWSKA: psycholożka, psychoterapeutka, konsultantka zarządzania, coach. Dyrektorka Kliniki Rodzina-Para-Jednostka w Poznaniu. Prowadzi psychoterapię indywidualną z wykorzystaniem analizy skryptów międzypokoleniowych, psychoterapię par z wykorzystaniem podejścia EFT (Terapii Skoncentrowanej na Emocjach) i terapii seksualnej oraz psychoterapię rodzin. W pracy z rodziną wykorzystuje autorską metodę obserwacji relacji dziecka z rodzicami w naturalnych warunkach rodzinnych. Prowadzi wykłady psychoedukacyjne, szkoli przyszłych psychoterapeutów, pisze artykuły i komentarze merytoryczne do bajek terapeutycznych.

Wszystko, wszędzie, naraz

O problemach seksualnych
Rozmowa z Michałem Pozdałem

Zawsze miałeś łatwość w mówieniu o seksie?

Nie. Nauczyłem się tego dopiero na studiach, wcześniej wulgaryzowałem język. Pamiętam, jaki to był dla mnie szok: zajęcia na uniwersytecie z autorytetami seksuologii — nie miałem pojęcia, że tak można mówić o seksie, że w ogóle można o nim rozmawiać! Szybko poczułem, że właśnie tym chcę się zajmować.

Inaczej zaczęli cię odbierać w rodzinie?

Letnia impreza z grillem to dla mnie koszmar.

Proszą o rady?

I wszystko opowiadają. Zdarzyło mi się mnóstwo imprez, podczas których ktoś podchodził i mówił: „O rany, bo wiesz, my od dwóch lat nic...". Albo: „Romkowi nie staje!". Zajmuję się też nastolatkami, więc często pytają rodzice.

A pary, które przychodzą do gabinetu? Potrafią mówić o swoim życiu seksualnym?

Na początku mówią raczej wymijająco: „Nie możemy się dogadać", „Śpimy osobno", albo: „Nie ma już chemii". Więc pytam, co dla niego jest problemem, a co dla niej. I on mówi na przykład, że ma poczucie, że nic nie dostaje w tej relacji —

zarabia, płaci za firmę cateringową, panią, która sprząta, szkolenia partnerki i nic nie ma. Także seksu. A ona mówi, że on w ogóle nie zwraca na nią uwagi jako na kobietę. I że komunikuje się z nią tylko w logistycznych kwestiach: dzieci, zakupy, lekarz. Moją rolą jest nadanie temu szerszej ramy, pokazanie im innej perspektywy. Bo seks jest tylko wyrazem tego, co dzieje się w parze na głębszym poziomie.

Z jakimi problemami najczęściej przychodzą? Coś się ostatnio zmieniło?

Odwróciła się dynamika: kiedyś częściej było tak, że przychodziła para i mężczyzna narzekał, że żona nie chce seksu. Teraz często to mężczyzna nie chce, a kobieta narzeka. Wielu mężczyzn uzależnionych jest dziś od pornografii, więc też od masturbacji, a w związku z tym ich potrzeby seksu w relacji topnieją.

Czyli nie jest tak, że oni nie chcą seksu, tylko nie chcą seksu z partnerką.

Tak, ale to jest tylko pierwsza warstwa, którą widać od razu. Druga, znacznie ważniejsza, jest taka, że ten mężczyzna z jakiegoś powodu zaczął się masturbować. Tak samo jak ktoś inny zaczął pić, brać narkotyki, kompulsywnie robić zakupy czy grać w kasynie. To wszystko są uzależnienia.

Tak regulują emocje?

Nie są świadomi, co się dzieje z ich emocjami, i nie potrafią tego regulować. Nauczyli się, że złość, wstyd, lęk można odreagowywać masturbacją. Zmienię na chwilę perspektywę na spojrzenie terapeuty indywidualnego: często pracuję z mężczyznami, którzy zostają przysłani przez swoje żony, a one potem jak najszybciej chcą swoich mężów z terapii wyrwać.

Dlaczego?

Bo oni w tej terapii zaczynają rozumieć, co czują, uczą się ze mną, jak to nazywać i przeżywać, a potem przenoszą to na inne relacje. Widzą, że coś im się nie podoba, czegoś się boją, i zaczynają to komunikować. Mówią na przykład: „Słuchaj, zezłościłem się na ciebie, jak to powiedziałaś". A żona jest zdziwiona: „Jak to? Jak ty w ogóle mówisz? Pan Michał ci to powiedział?!".

W terapii pary widać to pewnie jeszcze wyraźniej: że ktoś nie wie, co czuje, nie umie tego nazwać.

Załóżmy, że jako mały chłopiec się złościłem, więc moja mama też była zła albo się na mnie obrażała. Dla dziecka to tragedia, znak, że mama je zostawia. I bardzo jasny komunikat, że nie może się złościć, bo to zagraża jego więzi z matką. Czyli nie może być sobą, musi udawać, tylko wtedy jest bezpieczne w relacji. Wielu mężczyzn właśnie tak było wychowywanych.

Jak to się przekłada na związek?

Złość jest emocją cudowną, ponieważ mówi nam, że czegoś w związku jest za dużo albo za mało. Czując ją, możemy się o coś upomnieć albo postawić granice. Dlatego złość jest nam bardzo potrzebna, niewyrażona sieje spustoszenie, oddala. Wyrażanie złości paradoksalnie pozwala nam na większą bliskość. No bo jak uprawiać seks, jeśli nie możemy się na siebie złościć? To jest głęboko połączone. Czasami, po dłuższej pracy z parami, zdarzają się wspaniałe momenty. On mówi: „W zeszłą sobotę, kiedy wróciliśmy do domu i brałaś prysznic, podnieciłem się i myślałem, żeby do ciebie wejść. Chciałem, żebyśmy mieli seks chociaż przez chwilę, i już się nawet rozebrałem, ale wtedy krzyknęłaś: «Kurwa, Marek, znowu ten mokry ręcznik na podłodze!». I już nie byłem w stanie tego zrobić".

Ale nie będziesz teraz przerzucał winy na nią?

Oczywiście nie chodzi mi o to, żeby uznać tę kobietę za potwora, który krzyczy i zabija pożądanie, bo jej złość jest zrozumiała, tylko o to, że należy dokładnie prześledzić, co było przed, w trakcie i po — zobaczyć, dlaczego ten mężczyzna się masturbuje. I jakie emocje temu towarzyszą. Bo przeważnie to nie jest tylko oderwane od uczuć pobudzenie. Zainteresowałbym się też tym, dlaczego ona krzyknęła akurat w tym momencie — czuła jego pożądanie, kiedy wchodzili do domu? Zawsze ciekawi mnie to, co robią obie strony, żeby nie uprawiać seksu.

Często słyszę historie o tym, że mężczyźni są dziś tak uzależnieni od pornografii, że właściwie nie ma szans na to, żeby doszli podczas stosunku seksualnego z kobietą. Muszą kończyć, masturbując się.

Przyzwyczailiśmy się do tego, że kobiety mogą mieć problem z osiąganiem orgazmu — są o tym książki, artykuły, seriale, podcasty. Dobrze, jeśli kobieta zna swoje ciało, sama się stymuluje, zna konkretne pozycje, które pomogą jej osiągnąć orgazm przez pobudzenie łechtaczki. Ale kiedy mężczyzna nie ma orgazmu, nie jesteśmy już tak wyrozumiali. A jeśli ma trudność w osiągnięciu go drogą, którą uznajemy za klasyczną, czyli przez ruchy wsteczno-posuwiste w pochwie, to już na pewno coś z nim jest nie tak! Nie mam na to żadnych badań, ale wiem, że jest wielu mężczyzn, którzy nigdy w ten sposób nie osiągną orgazmu, więc robienie z tego patologii to gruba przesada.

Nie chodzi o to, że się masturbują albo nie dochodzą, tylko o to, że masturbacja to jedyna opcja.

A jeśli kobieta zawsze dochodzi z mężczyzną tylko, jeśli masturbuje się sama, albo on ją stymuluje, to jest okej? Bo jeśli nie, to spatologizujmy też brak orgazmu u kobiet! W parach najczęściej jest tak, że ludzie są kompletnie niedogadani w tej kwestii, w ogóle o tym nie rozmawiają. Kobieta posądza mężczyznę o uzależnienie od porno i masturbacji, mężczyzna się wycofuje i nie może dojść w pochwie, bo wstydzi się jej powiedzieć: „Pamiętasz, jak przypadkiem wyszło na wakacjach, że ja się masturbowałem, a ty pieściłaś mi sutki? To było dla mnie idealne, jak mi tak zrobisz, to...".

Wydaje się proste. On jej mówi: „To nie jest kwestia uzależnienia, tylko lubię to i to". Ona to przyjmuje i jest lepiej. Naiwnie myślę?

W rozmowach par, także o seksie, ujawnia się perspektywa drugiej osoby, którą pierwsza często bierze do siebie. Kobieta myśli na przykład, że brak orgazmu u jej partnera świadczy o niej. Interpretuje to tak: „Jestem mało atrakcyjna, za gruba, z kim innym dochodziłby normalnie". Praca polega na tym, żeby to odkleić, zauważyć, że to, co robi mój partner, niekoniecznie świadczy o mnie.

Przypomniał mi się serial *Euforia* i wstrząsająca scena seksu nastolatków. On zna seks tylko z filmów porno, więc odtwarza jeden z nich, ona nie chce się na to zgodzić, ale on nie jest w stanie tego usłyszeć, nie zna innej wersji wydarzeń, więc nie przerywa. Potem widzimy obie perspektywy: ona przerażona, ale on też — nie wie, o co chodzi, co takiego zrobił.

Dla mężczyzn mówienie o seksie w kategoriach potrzeb i emocji to nowość, pierwszy raz robią to prawdopodobnie właśnie na terapii. Ale ostatecznie nie jest to nic zaskakującego: jeśli przyjrzymy się edukacji seksualnej w domach, to najgorzej mają właśnie chłopcy. W wypadku dziewczynek mówi się czasami o miesiączce, o zagrożeniu ciążą, antykoncepcji. Pyta się je, czy chłopak je szanuje, czy jest dla nich dobry. Chłopakom daje się prezerwatywę, nikt nie pyta o ich emocje. Jeden z moich pacjentów powiedział: „To wszystko jest jakieś takie miękkie, nie wiem, jak mam o tym mówić". Bo rozmowa o seksie to często rozmowa o emocjach.

Mężczyzn uczy się traktowania seksu w kategoriach sportu wyczynowego.

Jednym z podstawowych celów terapii jest to, żeby nauczyć się rozpoznawać i wyrażać emocje. To, że pytam, jak pacjent się czuje, ma zostać zinternalizowane, żeby potem on sam zadawał sobie to pytanie. Bo my często nie wiemy, co czujemy, jesteśmy odcięci od uczuć. I to dotyczy zarówno mężczyzn, jak i kobiet. Pamiętam taką parę: wysportowani, ona piękna, on przystojny — typ macho z wyglądu. Od dwóch lat razem. Jej przeszkadzało to, że seks był mechaniczny, mówiła, że nie czuje bliskości. I on faktycznie był mechaniczny, partner penetrował ją, dochodził i już. W końcu, po miesiącach terapii, z twarzą spikera zaczął opowiadać o swojej rodzinie. Zwłaszcza o matce, która biła go tak, że tatuaże, które miał na plecach, były robione po to, żeby zakryć blizny. Każdy dotyk w jego świecie był związany z lękiem przed tym, że ktoś go uderzy, więc czasami musiał się napić albo zapalić trawę, żeby w ogóle mieć seks. Ona interpretowała to tak, że on musi się pobudzić. A on się znieczulał, żeby nie czuć lęku i dać się w ogóle dotknąć.

Rozumiem, że wcześniej jej o tym nie mówił.

Nie.

Różnica potrzeb seksualnych to chyba też częsty problem?

On mówi: „Ja bym chciał dwa, trzy razy dziennie". A ona: „Dla mnie seks mógłby nie istnieć i cieszę się, kiedy mam okres, bo wtedy jestem zwolniona z seksu, i to są moje najlepsze dni, chociaż wtedy czuję się też najgorzej".

Co wtedy?

Przede wszystkim muszę zrozumieć, dlaczego akurat teraz, co się takiego stało. Są razem piętnaście lat i nagle zaczęło im to przeszkadzać? Jak było wcześniej? Czy w ogóle mają historię udanej relacji seksualnej?

A jeśli nie mają? Jeśli od początku było kiepsko?

Muszę ich z tym skonfrontować — tak jest w waszej relacji, zawsze tak było. Ale jednak od piętnastu lat w niej jesteście. Dlaczego? Jakie potrzeby w niej realizujecie? Czasem mówię, żeby sobie wyobrazili, że ich wspólne życie jest jak tort, ma różne warstwy — jedne są bardziej smaczne, inne mniej. I żeby zastanowili się, ile procent które zajmują. Zdarza się, że jedna osoba słyszy, jak druga mówi: „Słuchaj, ja nie chcę tego seksu. I raczej nie będę chcieć".

Nic się w tej kwestii nie zmieni.

Pamiętam taką parę, z którą pracowałem prawie rok i nie doszło do seksu. Małżeństwo pozostało nieskonsumowane, nie było żadnej dysfunkcji, pan po prostu nie miał ochoty. Ta para poprosiła nas o zaświadczenie potrzebne do anulowania ślubu w kościele.

A gdyby była jakaś dysfunkcja?

Jeśli pojawia się para z dysfunkcją, to zawsze muszę wiedzieć, dlaczego właściwie przychodzą i co, jeśli nie uda się tego zmienić. Nigdy nie przyjmę pary, która stawia ultimatum: jeśli nie uda się zlikwidować dysfunkcji, rozchodzimy się.

Pary stawiają taki warunek?

Tak, bardzo często. Ale przy niektórych parach dochodzimy do takiego momentu, w którym muszę powiedzieć, że nie potrafię im pomóc. Że nic więcej nie zrobię. Pamiętam pana, który się rozpłakał i powiedział: „Ja tak myślałem. I cieszę się, że pan to mówi".

Poczuł ulgę.

Terapia seksuologiczna w wypadku dysfunkcji seksualnych, czyli na przykład przedwczesnego wytrysku, problemów z erekcją u mężczyzn albo bolesnych stosunków czy pochwicy u kobiet, polega na tym, że muszę przyjrzeć się temu i zrozumieć, jak oni mogą realizować swoje potrzeby, mając ten objaw. Dlatego do znudzenia zadaję im pytanie: „Dlaczego nie uprawiacie seksu?". „Nie możemy, bo mnie boli". „Ale dlaczego nie uprawiacie seksu?". „Nie możemy, bo mi nie staje". „Ale dlaczego seksu nie uprawiacie?"

To nie jest tylko ten jeden element.

O to mi właśnie chodzi! Chcę zrozumieć, co się stało w tej parze. Bo jedno to praca z dysfunkcją: sprawdzamy, czy medycznie się wszystko zgadza, najpierw musi być diagnoza lekarza. Potem dopiero patrzymy, czy podłoże jest psychogenne. Ale kluczowe jest zrozumienie, dlaczego oni w ogóle zrezygnowali z seksu, jeśli nie udaje się jakaś jego część. Znam kobiety, które miały pochwicę i nie mogły mieć seksu z penetracją, a mimo to miały bardzo bogate życie seksualne: uprawiały seks oralny, analny, masturbowały się same i z partnerami — no, cały repertuar! Inne nie, całkiem odpuszczały.

Jakie są rokowania?

W przypadku pary, która uprawia seks mimo dysfunkcji — dobre. A takiej, która zrezygnowała — mało pomyślne. Bo jeśli partnerzy przez piętnaście czy dwadzieścia lat nie zbliżają się do siebie, to zwykle żyją w takim stłumieniu własnych potrzeb, że w ogóle nie wiedzą, czego chcą. Przychodzą i mówią: „Chcemy mieć dziecko". A ja zaczynam się zastanawiać, co to właściwie dla nich znaczy. A jeśli dziecko to seks i dlatego generują objaw, żeby tego dziecka jednak nie mieć? W takiej sytuacji chcę zwykle prześledzić życie pary, sprawdzić, co powoduje, że taka chęć się pojawia. W ogóle ludzie często przychodzą do seksuologa, dopiero gdy chcą mieć dziecko. I to według mnie jest związane z szerszym myśleniem o seksie: zaczynamy o nim rozmawiać, dopiero kiedy staje się problemem.

Na przykład kiedy zdarza się zdrada.

Ludzie dziś częściej się zdradzają i bardziej przeżywają bycie zdradzonym niż kiedyś. Moi pacjenci nie mówią nawet o realnych romansach, tylko epistolarnych, na Facebooku, Messengerze — wysyłaniu zdjęć, korespondencji. Okazuje się, że partner jest w równoległej relacji, która często zamienia się w seksualną, nawet jeśli nigdy nie została skonsumowana. I poświęca na nią ogrom energii, bardzo się angażuje.

Dla każdego zdradą jest coś innego, dlatego tak ważne jest to, na co się umawiamy na początku.

Co innego, jeśli od początku zakładamy, że może się nam to przydarzyć: mamy otwarty związek, ustalamy konkretne reguły, wiemy, na czym stoimy. Ale jeśli nie umawiamy się na to, a nasz partner nawiązuje z kimś relację, to doświadczenie może być dla nas druzgocące. Do tego stopnia, że w swoich objawach przypomina czasem PTSD. Kobiety, mężczyźni zresztą też, po latach pamiętają moment, w którym zdradę odkryli. Mówią: „Pamiętam, jak pachniało w pokoju, co się wyświetliło na jego telefonie, i że Jaworowicz leciała w telewizji".

Flashbacki.

Zdrada w związku burzy wszystko — tożsamość relacji, bo ona teraz jest inna niż wcześniej, tożsamość osoby zdradzonej, bo okazuje się, że nie jest jedyna, i tożsamość zdradzającego, który jest zdolny do czegoś, o co sam siebie nie podejrzewał, a już na pewno nie podejrzewał go zdradzony partner. Wszystko trzeba zbudować na nowo.

Czy mimo to zdrada może prowadzić do czegoś dobrego?

Może, ale nie jest to łatwe. Patrzę na zdradę jak na objaw kryzysu w relacji: para to system dążący do zachowania homeostazy, a zdrada to objaw, który ma związek do tej równowagi przywrócić. Bo pojawiła się na przykład w momencie, kiedy partnerzy zaczęli się od siebie oddalać. Po wstrząsie spowodowanym zdradą znów są razem. Bliżej.

Niezbyt łatwe do przyjęcia dla zdradzonej osoby.

Długo pracuje się na ten etap w terapii, kiedy osoba zdradzona zaczyna widzieć, że miała w tym swój udział. Odsuwała się, nie dbała o relację, siedziała cały czas na Instagramie, kiedy partner czy partnerka potrzebowali być razem. Dla pary to rozwojowo bardzo ważny moment, może ją wzmocnić. Bo pozwala rozmawiać o zdradzie nie w kontekście winy i kary, tylko raczej pytań w stylu: „Czego ci brakowało w seksie?". Albo: „Co miałaś w seksie z kochankiem, czego ja nie mogę ci dać?". Ale żeby dojść do tego etapu, partnerzy muszą poczuć się bezpiecznie, przeżyć żałobę po tym, co utracone, i uznać to, co zrobili, oraz to, co im zrobiono.

Sprawiedliwość, jasne ustawienie sprawy.

Uznaj to, że mnie skrzywdziłeś. Nadal chcę z tobą być, chcę, żeby nam było lepiej, ale to mnie zraniło i zawsze już będzie między nami. Z drugiej strony ważne, żeby zdradzona osoba nie weszła w rolę kata, który ma moralną wyższość i będzie dręczyć partnera, który zdradził. Obie strony muszą wykonać pracę.

Myślę, że to straszna sytuacja dla wielu ludzi, dlatego zgadzam się z tym, co powiedziałaś na początku: najważniejsza jest norma partnerska. Są pary, które mają otwarte związki, trójkąty, czworokąty, i to się czasem udaje. Najczęściej związkom jednopłciowym, ponieważ obiekt może być jeden — podoba nam się ten sam mężczyzna albo ta sama kobieta. W wypadku pary heteroseksualnej to zawsze będzie dylemat.

Ktoś będzie miał więcej frajdy.

Poza tym jesteśmy emocjonalni i na różne rzeczy możemy się umawiać, ale jak zareagujemy, zobaczymy dopiero na miejscu. Dlatego większość dąży do monogamii. Myślę, że to w ogóle znak naszych czasów: chcemy mieć wszystko, wszędzie, naraz. A seks nie jest jak jedzenie, które możemy mieć trzy razy dziennie. Ludzie nie biorą pod uwagę tego, że seks na przestrzeni życia będzie się zmieniał — raz będzie go więcej, raz mniej, a czasem w ogóle go nie będzie. I albo to zaakceptujemy, albo co sekundę będziemy wskakiwać w nowe związki, kończąc je, zanim się na dobre rozpoczną, bo minie pierwsza namiętność. Nie lubimy o tym myśleć, ale przecież nie jest tak, że bycie w związku gwarantuje nam dużo seksu.

Spadek namiętności to pewnie klasyka, z którą spotykasz się w gabinecie.

Na początku podnieca nas to, co nowe, nieznane, tajemnicze. Tak się rodzi pożądanie. Przejdziemy obok siebie, otrzemy się i jesteśmy pobudzeni. Albo jedno myje zęby, drugie wchodzi pod prysznic, spojrzymy na siebie i bum! Ale miłość to stałość i poczucie bezpieczeństwa. Więc poznajemy kogoś i zaczyna być trochę nudno. No i faktycznie, w długoletnich parach, chociaż ostatnio...

...kilkuletnich.

Powiem szczerze: dwa lata w górę i namiętność pada! Ale trzeba patrzeć na to szerzej — jesteśmy non stop bodźcowani nowościami, na różnych poziomach: samochodów, mieszkań, podróży, mebli, kosmetyków, książek, płyt, wszystkiego. Ile razy jesteśmy na Netfliksie i z tego cholernego nadmiaru nie jesteśmy w stanie nic wybrać? Ta mnogość dostępnych rzeczy bardzo nas upośledza. Dlatego edukacja seksualna jest tak ważna także w kontekście par: bycie z kimś nie zapewnia szału ciał non stop.

Które pary mają największy problem z namiętnością po latach?

Te, które są monolitem, są w fuzji. Gdzieś nauczyły się, że tylko symbioza oznacza bezpieczeństwo. Nie mogą się różnić, muszą być tym samym. I o ile można się upodobnić w kwestii ubrań, fryzur, pasji, to w seksie nigdy nie będziemy tacy sami.

Na szczęście.

Pamiętam taką parę, która ciągle mówiła tylko w liczbie mnogiej. „Lubimy, jak jest deszczowo albo bardzo ciepło". „Lubimy kryminały". „Kochamy podróże". My, my, my. Partnerzy w takich parach nie wiedzą, co lubią — mają potrzebę „my", ale nie mają potrzeby „ja". Mówią na przykład: „Lubimy, jak świece są zapalone". A potem jedna osoba się wycofuje: „Wiesz co? Ja się zawsze duszę przy tych świecach, ale nigdy ci tego nie mówiłem". Nasze zadanie to ich rozdzielić, sprawić, że każde zrozumie, jakie ma potrzeby. Z „my" przejść na „ja". Robimy to po to, żeby zobaczyli nie tylko drugą, odrębną osobę — partnera, ale też siebie.

No ale są też pary z drugiego bieguna.

Z bzikiem na punkcie niezależności.

W parach, które przez wiele lat mieszkają osobno, czasem dzieje się tak, że ona w końcu mówi: „Chciałabym, żebyś zostawał". A on na to: „Ale ja nigdy nie zostaję". Ona: „Ale ja tego chcę, potrzebuję". I może pojawić się kryzys. Zresztą nauka, między innymi teoria przywiązania, pokazuje, że wszyscy potrzebujemy relacji. Przywiązanie jest instynktowne. W mózgu, na bazie naszych doświadczeń z wczesnego dzieciństwa, zapisywane są reguły bezpieczeństwa, intymności, bliskości. A to, jak byliśmy traktowani i kochani jako dzieci, przekłada się później na nasze życie seksualne. Dlatego to właśnie rodziny pochodzenia pokażą nam, dlaczego na przykład boimy się być przytulani albo dlaczego przeraża nas zależność.

Nie poruszyliśmy jeszcze jednej ważnej kwestii: zaburzeń preferencji seksualnych.

Zwykle wygląda to tak, że para przychodzi, ponieważ mężczyzna ma dziwne upodobania seksualne.

Dziwne według kogo?

Swojej partnerki. Robimy wywiad i okazuje się, że jest fetyszystą, ekshibicjonistą albo voyerystą. Scenariusz często jest taki: kiedy zaczynali być razem, wydawało jej się fajne, że on lubi lateks. Koleżanki jej zazdrościły, bo miały partnerów, którzy znali tylko pozycję misjonarską, a u niej tyle atrakcji. Spotykają inne pary, jadą na weekend do Berlina, jest super. Ale mijają lata, pojawia się dziecko i ona mówi: „Jesteśmy na innym etapie, a on dąży tylko do tego".

Nudzi ją to, męczy?

Zaczyna jej przeszkadzać, że to dominuje. A u niego to się rozwija. Ona mówi: „Zrozumiałam, że mnie to kręci tylko dlatego, że on to lubi. Dla mnie to mogłoby nie istnieć". I w którymś momencie orientuje się, że między nimi w ogóle nie ma seksu, ale kiedy wraca do domu, widzi, że on w tym lateksie uprawia seks, sam ze sobą. Że chodzi o lateks, a nie o nią. Wtedy pojawia się problem.

To jest do uratowania?

To trudne, bo znowu: albo oni to wkomponują...

Albo nie.

To jest coś, co się we mnie zmieniło przez lata pracy: wiem, że czasami się nie da. I muszę być z pacjentami uczciwy.

Co, jeśli odkryjesz przemoc seksualną?

Przede wszystkim ją nazywam. Wprost. Robię dosyć szczegółowy wywiad, jak para uprawia seks, i kiedy coś takiego wychodzi, mówię: „Nie wiem, czy dobrze usłyszałem, ale wygląda na to, że pani nie chce się zgodzić na seks analny, a pan na siłę ją przytrzymuje, zgadza się?". Jeśli to się potwierdza, nazywam przemoc.

Jak na to reagują?

Różnie! Czasem przemoc nie do końca jest uświadomiona, miałem taką parę, w której pan to zrozumiał i przeraził się, chciał nad tym pracować. Czasem odsyłam taką osobę na terapię indywidualną, bo nie chcę prowadzić terapii, kiedy jest przemoc, a osoba, która ją stosuje, nie chce tego zmienić.

Zdarzają się przemocowe kobiety?

Pamiętam parę, w której pan mówił: „Bo my jesteśmy takim włoskim małżeństwem, kłócimy się często, głośno rozmawiamy…". Po miesiącach pracy okazało się, że włoski związek oznaczał tyle, że jak oni się kłócą, to pani go leje po twarzy. W ten sposób przez pół roku mówił mi, że jest bity. Kobiety potrafią być też przemocowe w łóżku, mówią: „Coś z tym zrobisz albo koniec". Ewentualnie: „Nie będę otwierała wesołego miasteczka na pięć minut". Pozwalają sobie na znacznie więcej, niż nam się wydaje, ale o tym rzadko się mówi.

Czego mężczyźni dowiadują się podczas terapii o kobietach?

Dla mężczyzn zaskoczeniem jest to, jak kobiety przeżywają swoją cielesność. Że kiedy ona mówi, że chce zakryć brzuch, to nie jest dla niej powierzchowne, błahe. Dowiadują się, że kobiety naprawdę nie akceptują swojego ciała, że wstyd jest w nich głęboko zakorzeniony.

Nawet jeśli podobają się swoim partnerom.

Sytuacja sprzed kilku lat z gabinetu: para Ślązaków po pięćdziesiątce, on mówi do niej: „Terenia, gdybyś ty mi nie pokazała tego cellulitu, to ja bym nawet nie wiedział, co to jest".

A co zaskakuje kobiety?

To, że mężczyźni w ogóle czują. Pamiętam, jak jedna pacjentka była zdziwiona, że jej mąż czuje się jak żywy wibrator. Że to dla niego upokarzające. I że chce być przytulany, potrzebuje czułości. Oczywiście my, mężczyźni, na to zapracowaliśmy: najpierw nas tak wychowano, a potem dużo robiliśmy, żeby wyglądać na takich, którzy nie mają emocji. I kiedy pracuję z parą, która ma dysfunkcję seksualną, to kobiety naprawdę się dziwią, jak taka dysfunkcja niszczy poczucie męskości ich partnerów.

Dlaczego się tym zająłeś?

Na początku studiów trafiłem na terapię do ośrodka Synapsis. I ona uratowała mi życie.

Dosłownie?

Dosłownie. Poczułem, że to działa, i że to właśnie chcę robić. A seks to tylko kolejna odsłona.

Czy to, że zajmujesz się terapią par, ma wpływ na twoje życie prywatne?

Zupełnie nie! Poza tym, że wkurzam bliskich psychologicznym żargonem. Jestem tak samo pokręcony jak cała reszta ludzi, miewam problemy we wszystkich warstwach tego tortu, o którym mówiłem.

Nie możesz sam ich naprawić?

Mogę pójść na terapię — indywidualną albo pary. Bo wiem, że działa. I jak mam problem, to idę.

MICHAŁ POZDAŁ, psychoterapeuta, seksuolog. Pracuje w nurcie systemowym i psychodynamicznym. Prowadzi psychoterapię młodzieży, dorosłych i par. Założyciel Instytutu Psychoterapii i Seksuologii w Katowicach. Jest współautorem książki *Męskie sprawy. Życie, seks i cała reszta*. I autorem książki *Kobieta świadoma*.

Walka o oddech

O momencie, w którym pojawia się drugie dziecko
Rozmowa z Anną Zarzycką

Mam wrażenie, że kryzys w parze spowodowany pojawieniem się dziecka niekiedy zaczyna się przed podjęciem decyzji o jego przyjściu na świat.

Czasem w gabinecie pojawiają się pary, w których partnerzy bardzo się w tej sprawie różnią: jedno chce dziecka, drugie nie — i to powoduje oczywisty konflikt. Niektóre pary w ogóle o tym nie rozmawiały albo jedno założyło, że skoro partner jest taki rodzinny, to pewnie nie wyobraża sobie życia bez dzieci. Są też takie, które coś na początku ustaliły, ale w trakcie trwania ich związku potrzeby jednej osoby się zmieniły. Ewentualnie takie, w których jedno nie ujawniło drugiemu swojego podejścia do dzieci.

To może być chyba nie do końca świadome: wydaje mi się, że chcę mieć dzieci, ale w momencie gdy trzeba podjąć konkretną decyzję, uświadamiam sobie, że strasznie się tego boję.

Częściej to jest świadome, tylko nieujawniane. Kobieta, która nie myślała o sobie jako matce albo myślała w taki sposób, że może to się kiedyś zmieni, ale nie jest to jej priorytetem, nie jest nieświadoma swoich potrzeb, tylko przez pewien czas nie przywiązuje do nich większej wagi. Natomiast jeśli spotka kogoś, kto bardzo tego chce, to jej myślenie o tym siłą rzeczy się zintensyfikuje — oboje zresztą zaczną obcować na co dzień z jakąś presją, może nawet przymusem i lękiem. I teraz: czy sytuacja, w której jedna osoba tego chce, a druga nie, sprawia, że nie możemy być razem? Co to oznacza dla naszego związku? Każda para musi znaleźć swoją odpowiedź.

Kryzysowe może być również staranie się o dziecko, które nie przynosi skutku.

Myślę, że to nie tylko kwestia decyzji i kryzysu wynikającego z przedłużających się starań. Chodzi przede wszystkim o podejście do płodności — o to, że choć mamy na nią wpływ, to nie panujemy nad nią. Bardzo wyraźna jest ta granica, kiedy mówimy: „Teraz nie". To stwarza iluzję kontroli — bo jednak dzięki środkom antykoncepcyjnym mamy wpływ na to, kiedy nie zajdziemy w ciążę.

Ale to nie oznacza, że możemy wybrać moment, w którym zajdziemy.

Jednak mamy złudzenie, że skoro kontrolujemy jedno, to drugie też. A kiedy się okazuje, że nie do końca tak jest, rodzą się ogromna frustracja, napięcie, stres, szczególnie po stronie kobiet, które zupełnie inaczej postrzegają czas niż ich partnerzy.

Zaczyna się walka, pozbawiony radości i spontaniczności seks.

Kojarzący się raczej z harówką. Często pracuję z kobietami, które tego doświadczają.

Na czym taka praca polega?

Na przyjęciu braku kontroli. Ona jest bardzo trudna, bo z jednej strony kobieta ma poczucie kurczącego się czasu, który jej pozostał, a z drugiej podejmuje wiele działań, żeby rozpoznać i odpowiednio zareagować na wpływające na płodność czynniki, które często są nieznane. Dlatego kobiety chcą kontrolować kolejne obszary: dietę, seks, a nawet odpoczynek. Tymczasem trudno...

...wyluzować się na siłę.

To oczywiście pewnego rodzaju paradoks: relaks ma być szybko, ma być teraz. Poza tym chęć sprawowania kontroli i trudności z płodnością powodują, że pojawiają się wątpliwości co do stabilności związku. W niektórych parach bardziej przeżywają to mężczyźni, w innych kobiety. Na pewno kobiety przeżywają to na poziomie ciała, myślą, że to one zawodzą. Stopniowo tracą poczucie własnej wartości.

Jaki wpływ mają na to mężczyźni?

Ich stosunek do badań nasienia jest raczej niechętny — zazwyczaj to jedno z ostatnich badań, jakie para wykonuje. Kobieta, która przeważnie pozostaje w stałym kontakcie z lekarzem, jest wyczulona na sygnały z własnego ciała, informacje wynikające z analizy wyników jej badań. A to w oczywisty sposób koncentruje uwagę na niej i na tym, co trzeba poprawić w jej ciele.

Stabilność związku bywa też zachwiana, kiedy dziecko już się pojawia.

To jest powszechne doświadczenie i oczywiście pary tak definiują powód zgłoszenia się na terapię. Najczęściej trafiają do mnie kilka miesięcy po urodzeniu dziecka. Ale drugiego.

Zwykle mówi się o kryzysie w związku po narodzinach pierwszego.

Temat drugiego dziecka jest czymś ukrytym, dużo się mówi o pierwszym, więc pary zwykle mają świadomość tej zmiany. Ale większą frustrację powoduje pojawienie się drugiego dziecka, ponieważ pewien wypracowany układ, który wcześniej udało się zastosować, przestaje działać.

Załamuje się rodzinny system.

Narodziny drugiego dziecka to doświadczenie, które wystawia system — tak odbierają to pary — na próbę lojalności. Może się pojawić poczucie zdrady wobec pierwszego dziecka, ale też partnera. Czasem kobiety mówią wprost, że przeżywają narodziny drugiego dziecka jak pojawienie się intruza — boją się, że odbierze im miłość, czas dla tego pierwszego. One zainwestowały już to uczucie, a teraz pojawia się druga osoba i muszą je jakoś podzielić, przekierować. Co będzie, jeśli się nie uda? Z drugiej strony pojawia się duże napięcie związane z ilością obowiązków. I ze zrozumieniem, że nie jest łatwiej, tylko znacznie trudniej.

Parze wydaje się, że to doświadczenie będzie powtórzeniem pierwszego?

Zazwyczaj myślą, że to będzie coś, co już znają, dlatego musi być łatwiej. Okazuje się jednak, że drugie dziecko nie jest powtórzeniem tego doświadczenia, tylko czymś zupełnie nowym. Pojawia się znacznie więcej emocji i komplikacji relacyjnych — na przykład zazdrość jednego dziecka o drugie. Do tego zmęczenie, stres, brak snu — to wszystko jest przytłaczające. Wydawałoby się, że będziemy sprawnie działającym zespołem, ale tak nie jest. To budzi dużą frustrację.

Do tego rodziny są teraz bardzo małe: dziadków w niedalekiej odległości, cioć i wujków brak. Nie można tego wysiłku rozłożyć na całą rodzinę.

Tu widzę dwa wątki: pierwszy związany z realnym brakiem obecności krewnych, którzy byliby blisko, a do tego mieliby czas i chęć zajmować się dzieckiem. Zmiany związane z rozwojem społeczeństwa, migracją, aktywnością zawodową kobiet powodują, że nawet jeśli dziadkowie są w niedalekiej odległości, to ich tryb życia często wyklucza większe zaangażowanie w pomoc.

A drugi wątek?

Wpisuje się w utrzymanie kontroli nad sposobem wychowania, życia, nad stosunkiem do jedzenia, ubieraniem, spędzaniem czasu. Kiedy dzieckiem opiekuje się ktoś inny, rodzice chcą mieć kontrolę nie tylko nad tym, co ono je i jak wygląda, ale też nad tym, czy ogląda telewizję, jakie czyta mu się książki oraz w jaki sposób wyrażają się osoby, które się nim zajmują.

A nuż robią błędy językowe.

Mam wrażenie, że jest to związane z oceną społeczną rodziców, zwłaszcza matek. Trudno nie zwracać uwagi na coś, co za chwilę zostanie skrytykowane. I ocenione negatywnie. Tymczasem rodzicielstwo, zwłaszcza macierzyństwo, wystawia nas na uczucia, jakich nie znamy, i zachowania, których często nie chcemy. Ojcowie w sytuacjach społecznych mogą liczyć na znacznie więcej wyrozumiałości niż matki, które często mają poczucie, że powinny sobie poradzić, a jednak sobie nie radzą. Pracując z kobietami, często słyszałam, że trudno być na przykład w autobusie, kiedy dziecko przez piętnaście minut płacze. I oczywiście: płacz dziecka jest irytujący w tym sensie, że ma wzbudzać alert. W związku z tym ludzie reagują najczęściej zniecierpliwieniem.

Ukierunkowanym na matkę.

Społeczny dystans, normy dotyczące powstrzymywania się od reakcji odgrywają tu istotną rolę. Widząc ojca, ludzie mają więcej dobrych chęci — obserwując go, identyfikują się z częścią pomocową. Kiedy widzą matkę — z częścią krytyczną.

Co właściwie mogłabym w takiej sytuacji zrobić? Jak pomóc matce?

Pamiętam taką sytuację: dziecko płacze, matka czuje niezadowolenie współpasażerów, stresuje się, ale jednocześnie nie może uspokoić dziecka. W którymś momencie jakiś chłopak pokazał coś dziecku w swoim telefonie — i ono przestało płakać. Myślę, że dostęp do takich pomysłów mają osoby mniej osadzone w sztywnych społecznych wymaganiach. Czyli te, które pozwolą sobie zaryzykować zachowanie uznawane za nietypowe. Nie boją się tego ani nie wstydzą.

Pamiętam wywiad z Zadie Smith, w którym pisarka opowiadała o swojej podróży do Gambii i zaskoczeniu wynikającym z tego, że nigdzie nie słyszała płaczu dzieci. Każdym zajmuje się tam nieustannie piętnaście kobiet i żadna nie jest zestresowana, bo nie trzyma dziecka dłużej niż dwadzieścia minut. W Ameryce albo Europie para decyduje się na dziecko, a potem siedzi z nim w mieszkaniu przez pięć lat, oczekując, że przyniesie im to radość. Dzieci nieustannie płaczą, rodzice nie są w stanie sobie z tym poradzić. „Dlaczego uznaliśmy, że bycie uwiązanym przy krzyczącym dziecku będzie dla nas dobre? Kiedy zaś przyjeżdżają dziadkowie, staramy się ich jak najszybciej pozbyć. Chcemy siedzieć sami, nieszczęśliwi z naszym dzieckiem".

I tu dochodzimy do pojęcia bliskości — wszystko od niego zależy. W jakiej relacji jesteśmy z własnymi rodzicami, rodzeństwem, przyjaciółmi? Czy naprawdę myślimy o nich jak o bliskich? Często pary mają poczucie, że pokazując w towarzystwie bliskich słabość, wystawiają się na ocenę, krytykę. Zamiast wzmacniać matkę, wspierać ją, bliscy często mówią: „Trzeba było zrobić tak i tak...". Albo: „Płacze, bo zrobiłaś to, a nie to...". To bardzo trudne doświadczenie, przed którym młoda matka chce uciec. Woli samotność niż wystawianie się na ostrzał. I oczywiście odcina się od zewnętrznych zasobów, ludzi, którzy potencjalnie mogliby jej pomóc, ale jednocześnie wizja tego, z czym ta pomoc może się wiązać, jest przerażająca na tyle, że potencjalna samotność jawi się jej jako coś lepszego.

Po co dziś ludzie mają dzieci?

To pragnienie ciągłości, dawania życia, przekazania swoich wartości. Pary często mówią, że dziecko to dopełnienie ich miłości, prawdziwa rodzina. I myślę, że kiedy dziecko się rodzi, to się nie zmienia. Tylko że jest to przytłaczające, bardzo trudne doświadczenie, które wymaga pożegnania się z tym, co było, nie tylko w osobistym, indywidualnym wymiarze, ale też w związku. Pary często myślą, że dziecko to dodatkowy element, który uzupełnia resztę. I to, co jest trudne, to konfrontacja z faktem, że narodziny dziecka wymagają przebudowania i zmiany nastawienia w takim sensie, że to nie jest żaden dodatek, tylko wielka zmiana.

Nie tylko coś dodaje, ale też zabiera.

Pochłania tyle uwagi i czasu, ile żadne inne doświadczenie w ich wcześniejszym wspólnym życiu. I dodatkowo: nie jest tymczasowa, nie można jej widzieć jako zawieszenia w czasie. Często pary, które mierzą się z kryzysami, mówią, że starały się przez długi czas przetrwać. I faktycznie, pewne rzeczy wydają się tymczasowe: karmienie piersią, ząbkowanie, trening czystości. Dziecko przez jakiś czas wymaga pełnej uwagi, a potem potrzebuje jej mniej. Lecz natura tego doświadczenia jest taka, że to paradoksalnie niekończący się ciąg zmian.

Jeden z moich kolegów powiedział, że po pojawieniu się dziecka najbardziej zaskoczyła go potworna samotność. Jeśli on chciał wyjść, jego partnerka musiała zostać z dzieckiem. I na odwrót.

W parentingowych publikacjach czy na blogach dużo pisze się o tym, że partnerzy nie mają już czasu dla siebie i odnoszą wrażenie, że przestali istnieć jako para, że liczy się tylko dziecko. Doświadcza tego zarówno kobieta, jak i mężczyzna. Dużo jest porad związanych z tym, że ważne, żeby...

...raz w miesiącu pójść na randkę.

A jak już się pójdzie, to żeby tylko nie rozmawiać o dzieciach. Ale to bardzo trudne, ponieważ to jest rzeczywistość, z którą para akurat się mierzy. Więc zdarza się, że będąc raz w miesiącu na randce, partnerzy nie wytrzymują i wylewają z siebie wszystkie frustracje, podprogowe konflikty, które nie zostały rozwiązane, krótko mówiąc, w trakcie randki kłócą się, przechodząc przez wiele niespełnionych potrzeb. Dlatego myślę, że faktycznie trzeba dbać w tym czasie o relację, ale nie w taki sposób, w jaki najczęściej się o tym pisze. Cała praca pary w tym czasie polega na zaakceptowaniu nowego układu: krajobraz się zmienił, już na zawsze będzie to obraz z dzieckiem. I oczywiście naturalne jest to, że mogą tęsknić za tym, co było, ale z jakiegoś powodu zdecydowali się na zmianę.

Z jakimi problemami borykają się pary z małymi dziećmi?

Dużo jest w nich osamotnienia. I napięcia — myślę o pewnym usztywnieniu i lęku: boją się, że robią coś źle i że inni to widzą. Przytłoczenia odpowiedzialnością. Mogą się narazić na ocenę innych, a wręcz interwencję, na przykład opieki społecznej. Pojawiają się takie myśli, że zabiorą im dzieci — w zaskakujących sytuacjach, w których byłoby to zupełnie nieuprawnione. Wszędzie mnóstwo jest informacji o tym, co jest dobre, a co złe: jakie szczepienia, które foteliki do samochodu, jakie buciki. Szybko można dać się wkręcić: „Nie myślisz o zdrowiu swojego dziecka? Nie zastanawiasz się nad tym, jak się rozwijają jego stopy? Nie dbasz o to? Używasz czegoś, co jest niedobre!". I zaraz pojawiają się linki do różnych stron, na których ktoś się wypowiedział negatywnie à propos jakiegoś naszego wyboru.

Z jednej strony mamy instagramowy obraz macierzyństwa — dość przesłodzony, z drugiej turpistyczny: dzieci chodzą zasmarkane, matka rozczochrana.

Taki jest wybór: między jednym obrazem a drugim. Oba mogą odpychać, bo pierwszy wydaje się niezbyt prawdziwy, a drugi, odczarowujący ten wyidealizowany, jest raczej okropny w odbiorze. I pokazuje czasem, że macierzyństwo jest dość upiorne.

Jak to działa na parę?

To wzbudza lęk, prowokuje pytania: „Czy u nas też tak będzie?" — jeśli jest źle. Albo: „Damy radę tak jak oni?" — kiedy widać, że jest dobrze, przyjaciele mają na przykład satysfakcję z rodzicielstwa. A ponieważ to zwykle kobieta zajmuje się dzieckiem w pierwszych miesiącach jego życia, to ona potrzebuje wsparcia. Tu bardzo ważna jest empatia i elastyczność, widzenie tego, kto na co ile ma siły. Bo wczesne rodzicielstwo to nie jest walka o coś, czego mamy dużo i chcemy mieć jeszcze więcej, tylko o coś, czego nie mamy — na przykład o kilka dodatkowych minut snu. To walka o oddech.

Jak pary o tym mówią?

Pamiętam parę, w której ona opowiadała o jednym popołudniu. Mąż wrócił z pracy — oboje zgodzili się na taki układ, że ona zostaje z dzieckiem, a on zarabia — i ona zaczęła mu opowiadać, jaki miała dzień. Z intensywnym emocjonalnie przekazem mówiła, jak było strasznie, jak wiele wystąpiło realnie trudnych problemów — z karmieniem, płaczem dziecka, niemożnością utulenia go, niezrozumieniem jego sygnałów... Opowiadała o tym wszystkim, a on nagle stwierdził: „Ale kochanie, ja już jestem. Zobacz, już tutaj działam".

Nie wysłuchał jej.

To jest jakiś rodzaj niezrozumienia. Bo przecież starał się od razu jej pomóc! Trudno jednak mu było pojąć, o co w tym wszystkim chodzi. Był zdezorientowany, nie rozumiał, że chodzi nie o to, żeby natychmiast przejąć obowiązki, ale przyjąć też emocjonalną intensywność, która jest bardzo ważna. Kobieta przez cały dzień mieści w sobie uczucia dziecka, zastanawia się nad jego potrzebami, uczy się jego sygnałów, i jest to praca wymagająca mnóstwa energii i uwagi. Wycieńczająca. I teraz: potrzebny jest ktoś...

...kto odpowie na jej pragnienia.

Nie tylko weźmie dziecko i powie: „Kochanie, już jestem", ale skupi się też na niej. Ona tego potrzebuje, żeby móc się zregenerować i następnego dnia znów zajmować dzieckiem.

Kobiety często mówią: „Weekend jest okej, są ludzie, coś się dzieje, a potem zaczyna się tydzień i na cały dzień zostaję sama z dzieckiem, czyli z kimś obcym, kogo nie rozumiem, nie wiem, co mam robić, kiedy płacze". Trochę to trwa, zanim matka nauczy się rozpoznawać potrzeby dziecka i adekwatnie na nie reagować. To bardzo wymagające: nawet jeśli jest spokojny dzień, dziecko śpi, matka potrafi pomyśleć: „Dlaczego tak długo śpi? Czy to normalne? Czy na pewno wszystko jest okej?". To przypomina manię, stan pobudzenia, ciągłego bycia w gotowości, w którym bardzo ważny jest regularny tryb życia i żywienia tej matki, nie dziecka. Bo to ona zajmuje się dzieckiem przez większość czasu. Pod warunkiem że nie ma depresji.

Mało się mówi o emocjach mężczyzn w pierwszych miesiącach po narodzeniu dziecka.

Faktycznie więcej mówi się o depresji poporodowej kobiet. I bardzo dobrze. Ale połóg to też jest okres, który wywołuje depresję u mężczyzn. I w jakimś sensie to jest ten sam stan: pomieszanie stresu, zmęczenia i różnych lęków. U mężczyzn dochodzi również stres związany z presją utrzymania rodziny.

Z tego też wynikają problemy w parze?

I z tego, że nie da się wszystkich obowiązków podzielić po równo. Są takie zadania, których mężczyzna nie wykona, nawet gdyby bardzo chciał. I takie, które tylko on może zrobić. Jedna z moich pacjentek powiedziała: „Kiedy ja będę tulić nasze dziecko, chcę, żebyś ty przytulił mnie. Wiem, że to ja karmię, ale chcę czuć twoją rękę na swoich plecach. Muszę wiedzieć, że jesteś za mną. Nie niania, nie matka, nie przyjaciółka — ważne, żebyś to był ty". Oczywiście on też potrzebuje, żeby ktoś zajął się jego emocjami. A często jest tak, że to kobieta w parze zajmuje się tą sferą. Zatrzymanie tego, kiedy ona zostaje matką, może być bardzo trudne.

Dla niego?

Dla nich. Bo ona z jakiegoś powodu go wybrała, na niego zwróciła uwagę. To, że ona mieściła wcześniej jego emocje, dawało coś także jej. Zadaniem terapii jest zrozumienie tego układu, a nie obwinianie któregokolwiek z partnerów. Ustalenie, co z czego wynika i jak się łączy.

Jak wygląda praca z taką parą?

Dużo zależy od momentu, w którym para zdecyduje się przyjść na terapię. Niektórzy ludzie przychodzą zrezygnowani, inni walczą, zabiegają, widać, że im zależy. Pierwszym etapem jest zwykle zaangażowanie w rozumienie tego, co się między nimi dzieje. Ważne jest też regulowanie lęku, uświadomienie partnerom, że nikt nie będzie wydawał wyroku, tylko skieruje uwagę na zrozumienie ich problemów.

Jakie momenty w życiu pary związane z dziećmi są jeszcze newralgiczne?

Przy narodzinach drugiego albo trzeciego dziecka pojawia się problem związany z płcią — pary rzadko mówią o tym wprost, ale widać to po tym, jak opowiadają o swoich marzeniach związanych z dziećmi. Czasem któryś ojciec powie, że bardzo chciałby mieć syna. Albo kobieta — że chciała mieć córkę.

Za czym właściwie tęsknią?

Kobieta czuje się na przykład pozbawiona pewnych doświadczeń z dzieciństwa i chciałaby je przeżyć teraz, z córką, trochę dla siebie. Kiedy rodzi jej się drugi syn, musi się z tym pożegnać. To jest zwykle szersza odsłona żegnania się z czymś. Dlatego to takie trudne.

Za pomocą córki chcę przywrócić swoje dzieciństwo?

Z grubsza tak, można mieć taką iluzję. Jeśli podczas dojrzewania cała energia była skierowana na konflikt rodziców, ich rozwód albo ratowanie rodziny, a nie na to, co mogłabym robić jako nastolatka, czyli na przykład beztrosko bawić się z koleżankami, to można sobie wyobrażać, że córka pozwoliłaby przynajmniej częściowo odzyskać ten utracony kawałek dzieciństwa. W tym sensie brak dziecka konkretnej płci jest pożegnaniem, czy raczej uznaniem, że w naszym życiu coś się nie wydarzyło. I że nie można tego przeżyć ponownie.

Płeć dziecka ważna jest dla rodziców także w okresie dojrzewania.

Akceptacja seksualności dzieci, przyjęcie jej, adekwatne reagowanie na nią — są niezmiernie ważne. Czasem pojawia się obawa nadużycia, zwłaszcza jeśli samemu się tego doświadczyło. Reakcja na seksualność dzieci może być bardzo trudna i powodować lęk, a nawet wycofanie się z relacji: dziewczynka siadała wcześniej ojcu na kolanach, a teraz on już tego nie chce. To może też dotyczyć syna: pojawia się dystans, fizycznie zaczyna być daleko. Zdarza się również rywalizacja: matka się złości, że ojciec więcej uwagi poświęca córce.

Kolejny moment to chyba wyjście dziecka z domu.

To bardzo trudny czas: okres wychowywania, utrzymywania, przekazywania wartości już się skończył. Poczucie bycia potrzebnym to też już zamknięty etap. Takie pary pojawiają się zwykle w gabinecie z zupełnie innego powodu, na przykład zdrady. Albo jakiegoś rodzaju pustki, wypalenia. Pamiętajmy, że para, która wypuściła z domu dziecko, zwykle ma za sobą długi staż, trwający co najmniej osiemnaście lat. Więc to jest para, która dużo przeszła — przeżyli razem wiele trudności i samo to może im dawać jakieś oparcie, taką myśl, że ta druga osoba wie, co przeżywam, jak się teraz czuję. I też cierpi z tego powodu.

Taka para raczej do pani nie trafi.

Na pewno nie od razu. Dopiero kiedy partnerzy skonfrontują się z tym, że nie mają już niczego wspólnego. Nie mają bez dziecka wspólnego życia, którego pragną, którego brak ich boli.

Zdarzało mi się pracować z parami, które czekały z decyzją o rozstaniu na dorosłość dzieci. Bo wspólny dom to była dla nich nadrzędna wartość. Pracowałam też z takimi parami, które tego nie planowały, a po wyjściu dzieci z domu orientowały się, że nic ich już nie łączy.

Dlaczego pani się tym zajęła?

Jest w tym coś pociągającego — w rozumieniu rodzicielstwa, tego, co się dzieje w tym czasie w parze. W tej pracy jest dużo silnych emocji, ale wiąże się z nią też wielka satysfakcja: wspaniale patrzeć, jak ludzie odzyskują spokój, poczucie równowagi, swojego rytmu. A z dzieckiem objawia się to bardzo wyraźnie i potrafi być w sumie całkiem nagłą zmianą.

Co jest najtrudniejsze w pracy z parami?

Widzenie i utrzymanie obrazu tego, co jest między partnerami. I niestawanie po czyjejś stronie.

Siłą rzeczy czasami się kogoś bardziej...

...rozumie na przykład. Albo coś wydaje się bardziej ewidentne. Widzieć, co para tworzy na świadomym, ale też nieświadomym poziomie, i jak partnerzy na siebie reagują, co wnoszą, czym się dopełniają, pobudzają, i umieć emocjonalnie odpowiedzieć na każdego z nich — to czasem bardzo trudne. Poza tym dynamika pracy z parami jest bardzo zmienna. Mam wrażenie, że kończymy sesję, podczas której dużo zrobiliśmy i para jest w dużej bliskości, a tydzień później okazuje się, że relacja wisi na włosku.

Co jest porażką dla terapeuty?

Kiedy para się rozstaje.

Czy to musi być złe?

Nie, ale zwykle jest trudne. Bo jednak pracujemy z parą, nad jej relacją, więc zawsze pojawia się pytanie, czy można było jeszcze coś zrobić. I myśl o porażce — we mnie i w nich.

Wyobrażam sobie, że fizycznie to też jest dość trudne: być w kontakcie z dwiema osobami, które na przykład potwornie się kłócą.

Wielkim zasobem jest to, że w takich sytuacjach można korzystać z uczuć pary: kiedy jedna osoba płacze, nie tylko moje ręce ją przyjmą — są jeszcze ręce jej partnera. Zawsze są jeszcze czyjeś oczy, czyjeś serce, które też coś czuje w tym samym momencie. Patrzę na to w kategorii udrożnienia kontaktu, choć może nie brzmi to zbyt dobrze. Zawsze mnie to zadziwia, że nagle ludzie są w stanie zareagować w empatyczny, odpowiadający na potrzeby partnera sposób. Ona płacze, a on wydaje się obojętny, mówi wprost, że nie jest z nią w żaden sposób w tej sytuacji połączony. I nagle ona — wydawałoby się zraniona — mówi, że coś jej się przypomniało i że rozumie już, jak dla niego to musi być trudne. Nie ocenia go, tylko rozumie.

Ale wszystko to po intensywnej pracy z panią?

Niekoniecznie. Właśnie to jest zadziwiające i pokazuje siłę uczuć, związku, relacji. Połączenia emocjonalnego, do którego terapeuta nie ma dostępu, za to para ma. Czasem w najmniej spodziewanym momencie.

ANNA ZARZYCKA, psychoterapeutka, terapeutka par. Prowadzi terapię okołoporodową. Ukończyła szkolenie w zakresie terapii diady matka–niemowlę w Anna Freud Centre w Londynie oraz szkolenie z Terapii Par Skoncentrowanej na Emocjach. Związana z Laboratorium Psychoedukacji.

Odwrócenie ról

O parach na emigracji
Rozmowa z Agnieszką Pacygą-Łebek

Co na emigracji było dla pani najtrudniejsze?

Wdrożenie się w kody kulturowe i poznanie języka niemieckiego. Uczyłam się oczywiście bardzo intensywnie — przyjechałam do Monachium w piątek, a w poniedziałek już byłam na kursie, ale nie zmienia to faktu, że na początku nie miałam swojego podstawowego narzędzia. Pamiętam taki moment, w jakiejś przychodni: siedzę w poczekalni i nagle się orientuję, że rozumiem napisy na ścianach. Co za radość!

Jak wspomnienie z dzieciństwa.

Świetnie to pamiętam, ponieważ bardzo ważne było dla mnie poczucie kompetencji w sensie społecznym i kulturowym. Zanim zostałam emigrantką, myślałam, że dzieci można wychowywać wszędzie, potem skonfrontowałam swoje wyobrażenia z rzeczywistością i zorientowałam się, że wychowywanie ich na emigracji ma jednak swoją specyfikę.

Jaką?

Rodzice mierzą się z poznawaniem obcej kultury, języka, szukaniem nowych znajomych i przyjaciół, a kiedy ich dzieci idą do przedszkola albo do szkoły, trudniej odnieść się do własnych wspomnień czy doświadczeń. Bo dzieci wdraża się w inny system. Czasem rodzice nie potrafią pomóc dzieciom — ani fizycznie, ani emocjonalnie. A to rodzi skomplikowane, często sprzeczne emocje. Dlatego chyba dość szybko zauważyłam potrzebę oferowania pomocy psychologicznej Polkom — dziś widzę, że pracując z matkami, pracowałam z całymi rodzinami.

Co to znaczy?

Rodziny na emigracji często wchodzą w tradycyjny model: ojciec idzie do pracy, zarabia, załatwia sprawy urzędowe, matka zajmuje się domem, jej zadaniem jest wprowadzenie dzieci w kulturę kraju, do którego przyjechali. A sama przecież często jej nie zna. Orientuje się, że nie jest łatwo, i zaczyna się bać, tymczasem jej rolą jest przyjmowanie emocji i doświadczeń dziecka, przerabianie ich i oddawanie w łatwiejszej do przyjęcia formie. Jeśli emigrantka czuje się samotna, bo jej partner jest ciągle w pracy, jest zestresowany, a ona musi zajmować się emocjami dzieci, podczas gdy jej emocjami nie ma kto się zająć, zaczyna się robić trudno.

Z jakimi kobietami pani tam pracowała?

Z Polkami, które przyjechały do Niemiec jako małe dziewczynki — miały za sobą trzydzieści lat w tym kraju, rodziły dzieci i nagle czuły potrzebę wdrożenia ich w kulturę polską. Szukały grup polskich matek, chciały, żeby ich dzieci uczyły się języka polskiego, znały polskie piosenki. Mówiły lepiej po niemiecku, ale szukały polskiego terapeuty, twierdząc, że o dzieciństwie są w stanie mówić tylko po polsku. Próbowały po niemiecku, jednak zawsze to była tylko faktografia — bardziej relacjonowały historię, niż ją przeżywały. W języku są emocje, które są ważne, zarówno w relacji z rodzicami, jak i własnymi dziećmi. Narodziny dziecka to w ogóle ważny moment, często następuje wtedy rewolucja w przedefiniowaniu tożsamości: ja jako człowiek, kobieta, partnerka, matka. No i pojawiają się też kwestie związane z kulturą: Jestem Polką czy Niemką? A może Polką i Niemką? Czy jednak tylko Polką? Bo chociaż mieszkam tu tyle lat, to przecież nie mam tej niemieckiej krwi. Na takie pytanie nie ma oczywiście jednej odpowiedzi, każdy rozwiązuje to indywidualnie.

A inne grupy kobiet?

Świeże emigrantki, w szoku kulturowym. Mogłoby się wydawać, że różnice nie są takie wielkie, Niemcy nie różnią się pod wieloma względami od Polski tak bardzo — architektura się zgadza, kuchnia też. Poza tym nie są daleko, zawsze w razie czego można wrócić do rodziców. Ale okazuje się, że jednak nie są aż tak blisko. Na początku emigrant jest otoczony swoją kulturą macierzystą — pamięta, że co wtorek chodził na jogę, co czwartek spotykał się z przyjacielem, a jadąc samochodem, słuchał ulubionego radia.

Różne rytuały, przyzwyczajenia wciąż w nim są.

I kiedy przyjeżdża do obcego kraju, posłuchałby tej swojej stacji, a nie może, spotkałby się z kolegami, ale ich tu nie ma. Pojawia się frustracja. I teraz: najbardziej dojrzałe jest wkładanie w te braki nowych rzeczy, doświadczeń, ludzi. Nie mogę się umówić z Anką, ale poznam tu jakąś sąsiadkę i zacznę się z nią spotykać. Znajdę jakieś miejsce, w którym mogę uprawiać jogę, a kiedy poznam język, będę słuchać radia. To, z czym przyjeżdżamy, pełni funkcję parasola ochronnego — czujemy się jak obserwatorzy, z dystansu oglądamy obcą kulturę.

Trochę jakbyśmy wciąż byli na wakacjach.

Ale po pewnym czasie napływ różnych nowości z tej kultury jest tak duży, że zaczyna wypierać to, co stare. I pierwszą konfrontacją emigranta jest powrót do domu rodzinnego, na przykład na święta. Wtedy się okazuje, że jednak się zmienił. Że kultura kraju przyjmującego wywarła na niego duży wpływ. I zaczynają się zgrzyty: „Mieszkasz tam pół roku, a już wszystko jest lepsze!". Pojawia się kryzys, bo emigrant jeszcze nie czuje się tam do końca dobrze, ale zaczyna dostrzegać obcość u siebie w domu. I uświadamia sobie, że nigdzie nie czuje się komfortowo. Ani tu, ani tam. W Polsce jest tym, który wyjechał, a w Niemczech jest obcy.

Na czym polega praca z tą grupą kobiet?

Na tym, żeby nie weszły w skrajny stosunek do nowej kultury: praca ma na celu zintegrowanie w nich obu kultur. Ważne, żeby pamiętały o korzeniach, ale były też otwarte na nowe. Wypracowały dwukulturowość. I uwewnętrzniły poczucie, że żadna z tych kultur nie jest gorsza ani lepsza, że z obu można korzystać. Pracujemy nad integracją, żeby kobiety i ich rodziny nie mieszkały tylko w polskich dzielnicach. Nie tylko z Polakami, nie tylko w miejscach, gdzie mówi się po polsku, bo przecież nie wszystko z kultury niemieckiej jest złe, nudne i beznadziejne. Nietrudno o depresję w sytuacji, gdy ktoś żyje w kraju, z którego nie może korzystać. Nie pójdzie do kina, teatru, restauracji, bo wszędzie przeżywa stres. Zaczyna się cofanie i odpuszczanie różnych ról społecznych.

Takie wycofywanie się musi wpływać na związek. Czy już wtedy zajmowała się pani parami?

Nie, w Monachium zajmowałam się psychoterapią indywidualną i tworzeniem grup dla kobiet. Pracę z parami emigrantów zaczęłam później, w Polsce. Teraz prowadzę polskie pary, które mieszkają w Niemczech, online.

Z czym się zgłaszają?

Bardzo upraszczając: z przemocą.

Naprawdę?

Tak! Psychiczną i fizyczną. Jedna strona próbuje na przykład pozbawić drugą kompetencji albo pieniędzy. Nie pozwala wrócić do rodziców, odwiedzać przyjaciół. Ta, która słabiej zna język, zamyka się w domu, jest bezradna: nie może niczego załatwić, zaczyna zrzucać obowiązki na partnera albo na dzieci. To dotyczy obu płci, ale z mojej pracy z emigrantami wynika, że kobiety częściej wycofują się z odgrywania dorosłych ról społecznych. Uczą się języka, czasami nawet dobrze go znają, ale boją się nim posługiwać.

To zmniejsza poczucie sprawczości, rodzi ogromne kompleksy.

I rujnuje poczucie własnej wartości, pewności siebie. Znam osoby, które w Polsce śmigały samochodem, a tam boją się jeździć, jakby w Niemczech były inne ulice! Odpuszczają różne kompetencje, często pracują poniżej swoich możliwości i zaczyna się dziać coś takiego, że jak partner nie zawiezie, to ona nie pojedzie odwiedzić rodziny w Polsce. Jak on jej nie da pieniędzy na bilet, to ona go nie kupi. Im bardziej jedna strona się wycofuje, tym bardziej druga napiera, przestaje to być układ partnerski, nawet jeśli taki był wcześniej w Polsce.

Jedna strona czuje się słabsza, druga zaczyna tracić do niej szacunek.

Jedna czuje na przykład, że wszystko jest na jej barkach, przeżywa ogromny stres, a w stresie jest mniej empatyczna. Nie widzi już w partnerze kogoś równego, a to bardzo wpływa na parę: na sferę seksualną, emocjonalną, intelektualną, obie strony przestają czuć, że mają w sobie oparcie. I zaczynają się manipulacje — jedna osoba stosuje przemoc ekonomiczną, a druga wciąga w konflikt dziecko. „Ty mi nie dasz pieniędzy, to ja zrobię tak, żebyś nie miał dobrego kontaktu z córką".

Każdy gra tym, co ma.

To jest uniwersalne, dzieje się wszędzie, tylko że na emigracji taki regres następuje szybciej, bo nawarstwiają się konkretne problemy: brak języka, brak pracy. Zawsze można powiedzieć:

„Ja tego nie załatwię, bo beznadziejnie mówię po niemiecku". Dodatkowo taka para nie ma oparcia ani w rodzinie, ani w znajomych.

Jedna z moich przyjaciółek powiedziała: „Mamy tu tylko siebie. I to jest trochę straszne".

Bo emigracja to jest duży stres. Przypomniał mi się właśnie dylemat jednej z moich pacjentek, która wyobrażała sobie, co stanie się z dziećmi, jeśli ona i jej mąż zginą w jakimś wypadku. Kto się nimi zajmie, jeśli w pobliżu nie ma rodziny ani przyjaciół? Wiadomo, że ktoś by się znalazł, ale lęk takiej osoby jest bardzo silny. Rodzina na emigracji często czuje się sama. I na przykład z lęku przed Jugendamtem, czyli agencją chroniącą dobro dzieci, woli się zwrócić do polskiego terapeuty.

Boją się, że zabiorą im dzieci?

To bardzo silny lęk. A w rodzinach nie jest tylko kolorowo — czasem się kłócą, spierają, docierają, polska rodzina czuje, że jest pod lupą. Jak coś będzie u nich nie tak, to zaraz ktoś ich zgłosi i nie wiadomo, co się dalej stanie.

Taki przekaz, że opieka społeczna, na przykład w Skandynawii, z byle powodu zabiera dzieci, jest w Polsce wzmacniany w mediach.

Co oczywiście jest bzdurą. Celem tej instytucji nie jest zabieranie dzieci, tylko chronienie ich i reagowanie, kiedy dzieje im się krzywda. Zanim dziecko zostanie odebrane, do rodziny trafia pedagog i psycholog z propozycją terapii rodzinnej. Naprawdę dużo musi się stać, żeby do tego doszło. Mimo to Polacy się boją.

Na czym polega praca z parą, w której jest przemoc?

Podpisujemy kontrakt na nieużywanie przemocy, pacjenci muszą być między sesjami bezpieczni. Jeśli ten warunek nie zostanie spełniony, nie mogę prowadzić psychoterapii. Krótko mówiąc: najpierw trzeba przemoc nazwać, a samo to jest często bardzo trudne. Jeśli wrogość w parze kumuluje się od kilku lat, to trudno wyjść z cyklu obwiniania: bo ty zawsze, a ty nigdy. Jest duży sukces, kiedy się z tego wyjdzie i można ruszyć dalej. Czasem to się nie udaje.

Dziwią się, kiedy pada słowo „przemoc"?

Różnie. Ale mam poczucie, że w myśleniu Polaków dopóki nie dochodzi do bicia, dopóki nie ma siniaków, trudno zobaczyć przemoc. To samo jeśli chodzi o dzieci: w Niemczech nie ma przyzwolenia na klapsy. W Polsce też niby nie ma, ale tak naprawdę jest. Zresztą to dzieci często zgłaszają takie pary na terapię.

W jakim sensie?

Zaczynają mieć problemy i para się reflektuje, że może to, jak się zachowuje na co dzień wobec siebie, ma też wpływ na dzieci. Czasem dzieci mówią wprost: „Nie mogę już słuchać, jak się kłócicie". Albo: „Nie mogę już tego wytrzymać". Zdarza się, że zapraszają rodziców na terapię nieświadomie — mają objawy psychosomatyczne albo zaburzenia psychiczne.

Co daje ulgę takim parom?

Samo to, że ktoś przedstawi im, co czują. Para przyjmuje to, stara się zrozumieć. Bez oceniania. Kiedy rozmawiam z jedną osobą, a ta druga słucha, to samo obserwowanie, że można z jej partnerem rozmawiać otwarcie, z empatią i szacunkiem, uspokaja ją. Czasem dochodzi do bardzo wzruszających komunikatów: „Ważne było dla mnie to, co usłyszałem". Albo: „Nie wiedziałem o tym, dobrze, że to powiedziałaś". Tylko że jeśli chodzi o przemoc, to żeby można było pracować, ona musi być zatrzymana. Inaczej się nie da.

A inne pary?

Zgłaszają się takie, które szukają swojego miejsca na ziemi.

Dosłownie?

Tak! W Polsce to jest bardzo silne — trzeba mieć swoje mieszkanie, po co wynajmować i komuś płacić? Lepiej spłacać własny kredyt! Trzeba mieć swój kawałek podłogi. W Niemczech częściej się wynajmuje. Jednak poczucie bezpieczeństwa jest bardzo ważne, więc pojawia się dylemat: Nie wiemy, czy zostaniemy tam na zawsze, czy ostatecznie wrócimy — co najlepiej zrobić? Kupić coś tam, czy żyć w niepewności i wynajmować? Pół biedy, jeśli obie strony się wahają, gorzej, jeśli jedna osoba bardzo chce się osiedlić, a druga być obywatelem świata.

Czyli znowu moment narodzin dziecka?

U kobiety pojawia się potrzeba wicia gniazda, osiedlenia się w jednym miejscu, taka myśl, żeby dziecko miało kolegów, przedszkole, jakąś rutynę, natomiast on mówi: „Umawialiśmy się przecież, że będziemy jeździć po świecie, zwiedzać! Ja się duszę w takim życiu".

Aktualizowanie potrzeb.

To jest długa praca: znalezienie kompromisu. Różnie to pary rozwiązują. Często wypływa też kwestia powrotu do Polski — takiej nadziei, że emigracja to tymczasowa sytuacja, kiedyś minie i wrócimy do siebie. I tu zaczynają się różne progi: jak dzieci skończą szkołę, jak pójdą na studia, jak będziemy na emeryturze. Mam wrażenie, że tęsknota jest wpisana w życie emigranta, nawet takiego, który wydaje się osadzony w nowej rzeczywistości. A kwestia powrotu do ojczyzny budzi wewnętrzne konflikty: Może byłoby lepiej, gdybyśmy wrócili? A może gorzej?

Życie w zawieszeniu.

Co ciekawe, często pierwszą oficjalną przyczyną zgłoszenia się na terapię są sytuacje z rodzicami albo teściami.

Co konkretnie?

To, że wywierają presję na parę — żeby wracać i zająć się nimi albo wspólnym majątkiem. Pada pytanie, czy raczej pretensja: „Kto się będzie nami zajmował na starość?", „Jak się dogadamy z wnukami?". „Tu jest wasz dom, jeśli nie wrócicie, zmarnieje!".

Trudno trzymać granice własnej rodziny, jeśli czuje się ataki z obu stron. Fajnie, jak rodzice mówią: „To jest wasze życie, wasz wybór, bądźcie tam, gdzie jesteście szczęśliwi".

Tylko że to raczej pokolenie rodziców, którzy często mieli dzieci po to, żeby zajmowały się nimi na starość.

Podały szklankę wody. Do tego dochodzi nasza skomplikowana historia z Niemcami: akurat na Śląsku Niemcy są mile widziani, od lat osiemdziesiątych mężczyźni wyjeżdżają stąd do pracy, gwara śląska ma dużo wspólnego z niemieckim, do niedawna dzieci uczyły się języka w szkołach. Ale nie wszędzie tak jest, w niektórych rejonach Polski pamięć o Wandzie, co Niemca nie chciała, jest żywa, i tam przyjęcie wiadomości o tym, że córka wychodzi za Niemca albo po prostu wyjeżdża z rodziną do Niemiec, nie jest już takie proste. Pojawiają się różne kwestie związane z tradycją: dla męża Niemca krępujące może być zatrzymanie się podczas wizyty w Polsce w domu teściów, wolałby w hotelu. I odwrotnie: dla teściów propozycja wynajęcia hotelu będzie *faux pas*, tak jak obiadu w restauracji, to dla nich żadna gościnność!

A wnuki?

Mieszkająca na Warmii albo na Podlasiu starsza pani, która ma wnuki mówiące po włosku albo francusku, raczej będzie dumna. Natomiast jeśli będą mówić po niemiecku, to już trochę gorzej, nie wiadomo, co z tym zrobić. Odzywają się w nas traumy wcześniejszych pokoleń, transgeneracyjny przekaz na temat wojny i głos, który mówi, że nasi dziadkowie czy pradziadkowie walczyli o to, żeby nasze dzieci mogły mówić po polsku, a nagle mówią po niemiecku.

Straszny dysonans.

Rozmawiałam kiedyś z dziewczyną, która wychowała się w Niemczech i wróciła z rodzicami do Polski, mając kilkanaście lat. Podczas akademii w szkole pierwsze, co usłyszała, to:

„Nie będzie Niemiec pluł nam w twarz, ni dzieci nam germanił…". To były lata osiemdziesiąte i dla niej było szokujące, że ci Niemcy, którzy byli dla niej zawsze tacy mili, nagle mają komuś pluć w twarz! Bardzo było jej z tym trudno. Teraz zresztą mieszka i pracuje w Niemczech.

Przeczytałam ostatnio wywiad z Lisą Taddeo, amerykańską pisarką, której matka była Włoszką. Opowiada w nim: „Moja mama była emigrantką. Pochodziła z Włoch i nigdy do końca się nie zasymilowała. Po angielsku mówiła kiepsko, z mocnym akcentem. Dorastałam więc, dzieląc z nią to doświadczenie obcości. Myślę, że w dużej mierze to mnie naznaczyło. Od dziecka miałam poczucie, że odstaję od swoich rówieśników, nie przynależę do nich. Czasami dawało mi to przewagę. Byłam tą «inną», wzbudzającą ciekawość i zachwyt. A czasami działało to na moją niekorzyść. Rodziło liczne kompleksy. Sprawiało, że miałam poczucie, że muszę się podwójnie starać, żeby zasłużyć na czyjś szacunek". Czy dzieci często dzielą z rodzicami to poczucie obcości? Mimo braku akcentu, lepszej znajomości języka?

To jest właśnie kwestia obcości: nawet ludzie, którzy spędzili za granicą kilkadziesiąt lat, cały czas czują się tam obcy. Mówi się, że drugie pokolenie jeszcze nie do końca jest u siebie, dopiero to trzecie, czyli dzieci Lisy Taddeo, prawdopodobnie nie ma już tego problemu. To jest proces, w dodatku długi. A to dzielenie obcości jest dość wstrząsające — dziecko właściwie mogłoby się czuć jak u siebie, zna język, ma przyjaciół z tego kraju i wszystkie możliwe kompetencje, ale przez to, że rodzice nie do końca wiedzą, czy chcą, żeby to dziecko czuło się u jak siebie, ono rzeczywiście się tak nie czuje. Czy oni chcą wychować małego Włocha czy Amerykanina? Polaka czy Niemca? Często sami nie wiedzą.

Konflikt lojalnościowy, którego trudno nie przekazywać.

I przez który dziecko czuje się obce. Inaczej, jeśli dziecko widzi, że rodzice co prawda w domu mówią po polsku, ale na zewnątrz też czują się dobrze: mają znajomych z różnych krajów, nie oceniają ich. Gorzej, jeśli w domu słyszy, że niemiecki jest jakiś taki brzydki, kanciasty, a Niemcy są nudni i nie ma się z kim przyjaźnić. Z drugiej strony rodzice cieszą się, że ich dziecko przyjaźni się właśnie z Niemcami, a nie z Turkami czy Grekami. Że to jest gratyfikujące.

Sprzeczny przekaz.

Niby nudni, niby sami nie mamy takich znajomych, ale dobrze, że nasz syn ma, bo to jednak bardziej korzystne. Przeróżne stereotypy działają nie tylko w odniesieniu do innych narodowości, do własnej też: Polacy na emigracji często gardzą swoimi rodakami. Ale koniec końców, czy to się dzieje w obcym kraju, czy w Polsce, wszystko zaczyna się od świata wewnętrznego, od tego, z jakim wyobrażeniem o ludziach wychodzimy z domu. Ufamy innym czy nie? Szanujemy ich czy nie bardzo? Każdy wychodzi z czymś innym.

To widać wyraźnie w sytuacji przyjmowania uchodźców podczas wojny.

Ten, kto ma doświadczenie relacji z matką czy innym opiekunem, który nie odpowiadał na jego potrzeby, zawodził, opuszczał, w czasie wojny nie przyjmie nikogo pod swój dach, bo będzie się bał. Tak samo emigracja: to doświadczenie samo w sobie bardzo stresujące, bo wszystko trzeba zaczynać od nowa. Ale może być też fascynujące — wszystko zależy od tego, na czym się skupiamy, na braku czy na zasobach. Jeśli na tym pierwszym, to on byłby też w Polsce — są takie pary, którym niewiele trzeba, kilka konsultacji i pokonują stres. Ale są też takie, które nawet gdyby nie udały się na emigrację, miałyby podobne problemy.

Coś nie działa od spodu.

Tak. I teraz: partner może być dla nas korygującym doświadczeniem — w domu było średnio, rodzice różnie się zachowywali, ale wyszliśmy z tego cało i znaleźliśmy partnera, który nas wspiera, akceptuje, przyjmuje. To niesamowicie budujące. Ale po wczesnych doświadczeniach, czasem traumatycznych, możemy też wybrać partnera, który będzie powtórzeniem traumy — w inny sposób, ale generalnie rozegra się to samo. Podobnie myślę o ojczyźnie: na nasz stosunek do kraju, z którego pochodzimy, możemy spojrzeć jak na stosunek do rodziców. I odrzucić go jak opiekuna, który krzywdził, albo idealizować i przez to nie dostrzegać wartości w kraju, który nas przyjmuje. Możemy też czerpać z obydwu kultur. To się uzupełnia jak puzzle.

Wykorzystuje pani swoje doświadczenie z Monachium w pracy z parami?

Nie tylko! Bardzo je sobie cenię też w pracy z młodzieżą — przydaje mi się ono w kontekście problemu poszukiwania tożsamości. Zintegrowałam je chyba dość dobrze i dla mnie para to jest para — tu czy na emigracji. Kontekst jest inny, problemy te same. Emigracja jest tylko scenografią, we wnętrzu dzieje się to samo. Jest jeszcze coś: nie tylko pandemia, ale też to, że są to głównie pary z Niemiec, wymusiły na mnie pracę online. A jeszcze kilka lat temu sesje online wydawały mi się zbrodnią.

Pamiętam ten moment na początku pandemii i wywiady z terapeutami, którzy mówili, że psychoterapii online w Stanach Zjednoczonych uczy się kilka lat. U nas musieli opanować tę sztukę w kilka tygodni. Dla wszystkich to było zaskoczenie, zwłaszcza że pacjenci podobno robią w czasie sesji dziwaczne rzeczy.

Nagle otwierają wino, palą papierosy albo siedzą w szlafroku. Dlatego myślę, że nie z każdym można pracować online —

niektórzy mają trudności z zachowaniem granic, nie zadbają o to, co ważne podczas sesji: żeby było cicho, internet był szybki, dzieci nie biegały w tle. Zdarzało mi się, że rozmawiałam z pacjentem i nagle się okazywało, że on jest jednocześnie w pracy, albo łączy się, prowadząc samochód. Krótko mówiąc: nie potrafi zadbać o spokojne miejsce. Można pomyśleć, że bezpieczne miejsce dla niego to bycie w drodze, co zresztą jest częstym motywem u emigrantów.

Z parami to chyba trudniejsze — dobrze, gdyby partnerzy siedzieli obok siebie, w jednym kadrze.

Pary różnie ustawiają ekran — czasem widzę tylko małe ludziki z daleka albo fragment ciała, na przykład ucho. Niekiedy partnerzy łączą się z innych pokojów. Dla mnie to wszystko jest do analizy.

Co by panią zastanowiło?

Na przykład bałagan — dlaczego ktoś mi go pokazuje? Albo jakieś zwierzę, jeśli pacjent w określonym momencie długo je głaszcze — myślę o tym, dlaczego akurat teraz potrzebuje ukojenia. Może czuje się samotny, potrzebuje więcej troski? Wszystko zależy od kontekstu. Niektóre z tych par czasem przyjeżdżają do Polski — zapraszam je wtedy do gabinetu, na tradycyjną sesję, na żywo. Nie zdarzyło mi się jeszcze, żeby któraś przyszła.

Dlaczego zaczęła się pani tym zajmować?

Byłam pracownikiem socjalnym, ale w pewnym momencie zabrakło mi narzędzi, stanęłam przed murem. Zrozumiałam, że moja praca jest syzyfowa: dwoję się i troję, a ostatecznie przychodzi do mnie pani i mówi, że jej córka skończyła właśnie osiemnaście lat i chce ją zapisać do pomocy społecznej. Zrozumiałam, że problemy tych osób mają swoje źródło głębiej niż w niekorzystnych warunkach materialnych — w świecie wewnętrznym. Dlatego zaczęłam uczyć się psychoterapii. Od tamtej pory uczę się nieustannie. Więź terapeuty z pacjentami jest bardzo silna. Jeśli ktoś jest w terapii, to jest w umyśle terapeuty. To niezwykły kontakt, na bardzo głębokim poziomie. Pacjenci są zdziwieni, ale ja naprawdę pamiętam wszystkich. Mimo że wielu już przeszło przez moją głowę. I serce.

AGNIESZKA PACYGA-ŁEBEK, psychoterapeutka, pracuje w nurcie psychodynamicznym, indywidualnie, z parami i rodzinami. Prowadzi gabinet psychoterapii w Gliwicach, współpracuje z ośrodkami psychoterapii na Śląsku. Autorka książki dla dzieci *Wlazł kotek na płotek i szprecha*. Od 2012 roku prowadzi blog „Dziarsko w chmury".

Dane z urzędu

O problemach par jednopłciowych
Rozmowa z Agatą Stolą i Robertem Kowalczykiem

W pierwszej chwili pomyślałam: czy w ogóle wypada o tym mówić? Tworzyć z par jednopłciowych oddzielną grupę? A chwilę później przypomniałam sobie wywiad z psycholożką, która mówiła, że właśnie takie myślenie jest rodzajem homofobii: nie chcemy uznać różnicy, więc udajemy, że jej nie ma. Ostatecznie chyba nie ma co się upierać, że ta grupa ma takie same problemy jak pary heteroseksualne. I nie ma w tym niczego oceniającego, tak po prostu jest.

ROBERT: Homofobia jest faktem. A pacjenci nieheteroseksualni, którzy szukają specjalistów, wiedzą o tym. Nie bez przyczyny ciągle powstają rekomendacje dla towarzystw naukowych, wytyczne i porady dotyczące terapii par jednopłciowych, które mają wprowadzić standard postępowania — żyjemy w kraju, gdzie wciąż można się spotkać z bardzo różnymi postawami w środowisku specjalistów.

AGATA: Mimo że praca w psychoterapii wymaga ustawicznego rozwoju, w kwestiach światopoglądowych czasem pojawia się opór.

ROBERT: Pomysły na kwestionowanie nieheteroseksualnego kierunku popędu wciąż w naszym kraju istnieją. To zresztą ciekawe, że Polska jest jednym z niewielu krajów Unii Europejskiej, w których na poziomie ustawowym nie wprowadzono zakazu terapii konwersyjnej. Mamy pacjentów, którzy szukali odpowiedzi na pytanie, kim są, i trafili do terapeutów próbujących „uporządkować" ich orientację, przez co pogłębili tylko ich stany depresyjne i lękowe, zwiększyli ryzyko podjęcia prób samobójczych.

AGATA: Jeden z moich pacjentów u poprzedniego terapeuty usłyszał deklarację: „Jestem z wami". W przekonaniu tego psychologa prawdopodobnie był to wspierający komunikat. W odbiorze pacjenta mur między wami a nami robił się coraz wyższy.

ROBERT: Umieszczenie na drzwiach tęczowej flagi albo mówienie w mediach o tym, że prowadzi się terapię par jednopłciowych, jest niezwykle istotne, właśnie ze względu na okoliczności, w których żyjemy.

AGATA: Przychodzą tu osoby, które mówią, że przeczytały o nas w mediach albo usłyszały coś, co dało im poczucie bezpieczeństwa. Wiedzą, że tworzymy przyjazne miejsce. Dla par jest to szczególnie ważne, bo różnice w poziomie stresu mniejszościowego często są w związku bardzo widoczne.

Stres mniejszościowy, czyli chroniczne podleganie podwyższonemu poziomowi stresu doświadczanego przez przedstawicieli grup mniejszościowych w społeczeństwie. Przez to, że przeżywają nieustający stres, mają podwyższone ciśnienie krwi i odczuwają niepokój, co prowadzi do osłabienia zdrowia fizycznego i psychicznego. Osoby LGBT są znacznie bardziej narażone na zaburzenia nastroju, depresję, uzależnienia, zaburzenia lękowe i myśli samobójcze.

AGATA: Ważne jest zrozumienie, skąd stres mniejszościowy się bierze i jakie ma konsekwencje. Bo przychodzą do nas osoby, które niekoniecznie definiują się w kontekście dwubiegunowego podziału płci — są to osoby niebinarne, transpłciowe, interpłciowe. Terapeuta, który prowadzi dwie osoby niebinarne, musi mieć przynajmniej podstawową wiedzę z zakresu pozytywnej seksualności, rozumieć, jak w tej chwili patrzymy na płeć, orientację, tożsamość i preferencje — a z naszych obserwacji i z tego, co mówią pary, wynika, że to nie jest wiedza, którą posiada przeciętny terapeuta w Polsce.

ROBERT: Pary, które do nas trafiają, mają już doświadczenia z innych gabinetów, i nawet nie chodzi o to, że któryś terapeuta był uprzedzony, tylko że pacjenci nie chcą prowadzić psychoedukacji. Nie chcą przez kilka pierwszych sesji poszerzać wiedzy terapeuty, chcą od razu wejść na inny poziom rozmowy.

AGATA: Tylko skąd terapeuci mają tę wiedzę czerpać? Nie uczy się ich tego w szkołach psychoterapii. Sami stworzyliśmy strukturę i system pracy, dlatego dziś mówimy wprost: problemy par jednopłciowych wymagają odrębnego podejścia terapeutycznego, ponieważ klasyczna terapia par była kształtowana wyłącznie na podstawie heteronormy.

Z jakimi problemami najczęściej do was przychodzą?

AGATA: Osoby, które są stygmatyzowane, traktowane przemocowo ze względu na swoją orientację seksualną, bardzo często próbują sobie pomóc na własną rękę. Pozornie pomagają w tym substancje psychoaktywne — tłumią trudne emocje, dają iluzoryczną wolność. Musimy pamiętać, że w wypadku osób nieheteroseksualnych wektor społecznej niechęci celuje prosto w ich seksualność, dlatego substancje psychoaktywne pojawiają się często właśnie w tym kontekście.

Ale głównie w wypadku mężczyzn, u kobiet rzadziej.

ROBERT: Pojęcie chemseksu zostało utworzone w odniesieniu do określonej grupy: mężczyzn mających seks z mężczyznami.

AGATA: Grupa osób identyfikujących się jako kobiety też stosuje substancje psychoaktywne. Dane z raportu *Global Drug Survey* mówią, że kobiety homoseksualne i biseksualne częściej niż te heteroseksualne uprawiają seks pod wpływem narkotyków. Tylko że takich, które osłabiają mechanizm kontroli. Mężczyźni wybierają te, które wspierają erekcję. Wspólne jest to, że w obu grupach narkotyki dają możliwość przeżycia przyjemności z obszaru życia, który społecznie jest atakowany i stygmatyzowany.

ROBERT: W chemseksie duże znaczenie ma sprawność erekcyjna — to, czy ma się wzwód przy innym mężczyźnie. Bo jeśli się go nie ma, trudno to ukryć. W pewnym sensie jest to festiwal stereotypowych emblematów męskości — wielkość i sprawność penisa jest ważnym elementem tożsamości męskiej w ogóle, a w wypadku mężczyzn uprawiających seks z mężczyznami jest szczególnie istotny.

AGATA: To jest zresztą bardzo ciekawe — kobiety na terapiach indywidualnych często mówią o tym, że rozmiar penisa jest dla nich ważny, natomiast podczas terapii partnerskiej zwykle omijają ten temat, żeby nie urazić partnerów, a mężczyźni...

ROBERT: ...go nie omijają.

AGATA: To jest pierwsza informacja, która pada podczas terapii.

Chwalą się?

AGATA: No tak! Niezależnie od tego, czy mają dużego, czy małego.

ROBERT: W aplikacjach też to oznaczają.

AGATA: Często jest to kryterium wejścia do grup chemseksowych. Jeśli penis jest mały, nie wejdziesz. Bywa, że trzeba wysłać zdjęcia jako bilet wstępu.

ROBERT: I to może być czynnik onieśmielający — bo trzeba się wykazać przed innym mężczyzną. Jeżeli wielkość jest domyślnym kryterium męskości, to staje się oczywiste, że penis powinien być większy od penisa partnera, albo przynajmniej równy.

Co ciekawe, wielkość może definiować również rolę w seksie, to, czy jest się pasywnym, czy aktywnym w kontakcie analnym.

AGATA: Ale to, że nikt nie bada kwestii stosowania substancji psychoaktywnych w kontekście seksu lesbijek, to akurat moja wielka bolączka. Próbowaliśmy zainteresować tym tematem różne badaczki, ale do tej pory żadna się tym nie zajęła.

ROBERT: W ogóle badania na temat orientacji seksualnych były prowadzone głównie na białych mężczyznach z klasy średniej, na szczęście zaczyna się to zmieniać. W Stanach Zjednoczonych powstają organizacje LBT bez G, pod znakiem: „Nie chcemy już gejów, zdominowali całą narrację na nasz temat". Ale społeczna akceptacja dla lesbijek jest tylko pozorna. Kobiety często zachęca się do eksperymentowania z własną tożsamością seksualną głównie dlatego, że lesbijski seks często traktowany jest jako przedłużenie męskiej fantazji. I faktycznie: dopóki tak jest, nie budzi sprzeciwu. Ustawienie granicy ujawnia skrywaną homofobię, dodatkowo wzmocnioną seksizmem.

AGATA: Niestety szkodliwy wpływ patriarchatu widoczny jest również w nieheteronormatywnej rzeczywistości.

Przychodzą do was pary, w których obaj mężczyźni biorą narkotyki, czy sięga po nie raczej jeden, a drugi chce go ratować?

ROBERT: Takie i takie. Ale w obu wypadkach widzimy negatywne konsekwencje ich zażywania dla relacji.

AGATA: Gej narkoman w polskiej rzeczywistości nie ma szans na empatię i zrozumienie. Jeśli ktoś od piątku do poniedziałku resetuje się za pomocą wódki, bo w piątek był na urodzinach kolegi, w sobotę na grillu u znajomych, a w niedzielę na zakrapianym obiedzie u siostry, to właściwie wszystko jest okej, no taka imprezowa osoba! Ale jeśli w tym samym czasie wciągał kokainę czy mefedron, ludzie się bulwersują. Co z tego, że nie ma bardziej szkodliwej substancji niż alkohol.

ROBERT: Najczęściej w gabinecie pojawiają się dwa modele związków. Pierwszy to model z ratownikiem, w którym jedna osoba używa albo nadużywa substancji psychoaktywnych, a druga wysoko funkcjonuje, radzi sobie w życiu i trzyma związek. Drugi model jest taki, że narkotyk ma rozwiązać problemy w związku, szczególnie w obszarze seksualności. Wynika to między innymi z kulturowego postrzegania seksu: mężczyzna musi go uprawiać bardzo często, zawsze musi być gotowy. W wypadku dwóch mężczyzn seks przez cały czas musi być spektakularny. Stereotyp jest taki, że nie można być aseksualnym gejem. W „Replice" na okładce pojawił się Nikodem Mrożek, aseksualny gej. Pamiętam, że po premierze numeru słyszałem mnóstwo głosów zaskoczonych osób, no bo jak to? Mężczyzna musi chcieć zawsze! A są przecież różne poziomy popędu, czasem jego brak, i jest to zupełnie normalne. Seks w relacji po pewnym czasie zaczyna różnie wyglądać. A stymulanty mogą pełnić funkcję protezowania seksu, poszukiwania go na nowo cały czas.

Między partnerami czy z innymi osobami?

ROBERT: Różnie bywa. Dziś często traktuje się seks jak dyscyplinę sportową: dalej, wyżej, mocniej. Jak nie ma ciągłych sukcesów, coś jest nie tak. Dlatego tak lubię zaproponowaną przez McCarthy'ego i Metza koncepcję wystarczająco dobrego seksu, która tłumaczy, dlaczego powinniśmy odpuścić zdobywanie seksualnego Everestu. Zatrzymanie się na wystarczająco dobrym seksie jest dla wielu osób uwalniające.

AGATA: I tu docieramy do kluczowej kwestii — dobry seks wcale nie jest łatwy do osiągniecia dla osób, które doświadczają stresu mniejszościowego. Dlatego biorą substancje psychoaktywne, zresztą same tak o tym mówią: „Chcę się poczuć wolny", „Chcę się poczuć dobrze w seksie". Jeśli źródłem homofobii, agresji, wykluczenia jest seks, to jak on ma być dobry? Jak połączyć go z miłością, bliskością, intymnością?

W książce *Chemsex* pod waszą redakcją Remigiusz Ryziński pisze: „*Fun* możliwy jest tylko wtedy, gdy wyłączony zostaje stres, wstyd i lęk. Ponieważ nie jest to możliwe naturalnie — m.in. z powodu kultury opresji — to szuka się możliwości zastępczych".

AGATA: Kiedy osoba homoseksualna uświadamia sobie, że jej seks jest inny niż większości, ma poczucie, że to z nią jest coś nie tak. Narracji o brudnym seksie słuchamy niezależnie od orientacji seksualnej, ale osoba homoseksualna dodatkowo słyszy, że jej seks jest niezgodny z normą, nienaturalny, odrażający.

ROBERT: To, co w świecie hetero jest dane z urzędu, czyli: jak jest miłość, to jest też bliskość, intymność i dobry seks, w wypadku par jednopłciowych nie jest oczywiste, budzi napięcie, a wręcz pogardę. Para hetero, która trzyma się za rękę — kocha się. Para gejów, która robi to samo — raczej się afiszuje. Obrączka? U hetero znak wierności i stałości, u lesbijek — ostentacja. Narracja z miłości i czułości zmienia się od razu na epatowanie i obnoszenie się. Dlatego para jednopłciowa często myśli, że bliskość może sobie okazywać tylko w określonych sytuacjach.

W ukryciu.

ROBERT: Nie może jej pokazać w przestrzeni publicznej. Stres i obawa, jak to zostanie odebrane, są silniejsze. Niektóre pary przez to rezygnują z mieszkania razem — myślą, że to będzie oczywiste, wszyscy natychmiast je zdemaskują. Po co się narażać?

AGATA: Przychodzą do nas osoby, które w bardzo różnym wieku decydują się na coming out. Takie, które zakończyły poprzednie związki, często zresztą hetero, z których mają dzieci, i w wieku określanym jako senioralny robią zwrot akcji — chcę teraz żyć swoim życiem, więc znajduję osobę w zgodzie ze swoją orientacją.

ROBERT: Mówi się, że pary jednopłciowe są forpocztą zmian obyczajowych — wszystko, co się wokół nich dzieje, za chwilę będzie w mainstreamie. I rzeczywiście dyskusje dotyczące relacji, jakie układy są dopuszczalne czy możliwe, często pojawiają się później w ogólnych dyskursach. A pytania, które w parach hetero często nie są dyskutowane: Czy razem mieszkać? Czy prowadzić wspólny budżet? Czy mieć dzieci? — tu muszą zostać dokładnie omówione.

AGATA: Czasem jesteśmy terapeutami i konsultantami takich par w kwestii rozwiązań prawnych.

ROBERT: Kiedy tworzy się związek heteroseksualny, wszystko wydaje się naturalne, nawet nie musi być artykułowane. A jak to wszystko wygląda u pary jednopłciowej? Na przykład, kiedy jedna z kobiet rodzi, a druga chce mieć prawa do ich dziecka — jak to rozwiązać? System się zawiesza.

AGATA: Towarzyszymy parom, które decydują się na dzieci — pomagamy im odnaleźć się w rzeczywistości, w której będą je wychowywać. To są tego typu dylematy — czy ja mam prawo...

...narażać dziecko.

AGATA: Uwewnętrzniona homofobia szaleje.

ROBERT: Tym bardziej że rodzice takich par zazwyczaj dawali im pozorną akceptację. Coś w stylu: „Możesz być gejem, ale znajdź sobie dziewczynę".

AGATA: Albo: „Tylko nie mów ojcu".

A już na pewno nie babci!

ROBERT: Niedawno miałem pacjenta, który powiedział, że zrywa relacje z rodziną, bo ciągle słyszy, że jego orientacja prawdopodobnie się jeszcze zmieni. A on od kilkunastu lat funkcjonuje w relacji. I jak spojrzymy na to z perspektywy rodzin hetero, na które pracuje całe społeczeństwo, to tu jest odwrotnie: na pary i rodziny jednopłciowe nie pracuje nikt. Powszechne jest raczej poczucie, że kiedy mężczyzna żyje sam, jest kawalerem, to jeszcze do udźwignięcia. Można powiedzieć: uczy się, karierę robi, kręci się wokół niego mnóstwo kobiet. Ale związek? Za duże obciążenie.

AGATA: Przyszła mi do głowy para dziewczyn, z którymi długo pracowałam. Obie z dużego miasta, na początku można było pomyśleć — z fajnych rodzin. Ale u jednej coming out poszedł w stronę lamentu „straciliśmy córkę". Obwinione zostały inne kobiety, które tę córkę niby kiedyś nagabywały...

Zbałamuciły.

AGATA: Tak. I temat umarł. Minęło piętnaście lat, rodzina nigdy nie zaprosiła jej z partnerką na święta, nie pytała o jej życie prywatne. W międzyczasie dziewczyny zostały matkami, mają córeczkę, a rodzina jednej z nich do tej pory nie poczyniła żadnego kroku, żeby się do nich zbliżyć. Równolegle jej partnerka miała superwspierającą rodzinę. Co w takiej sytuacji czuła moja pacjentka? Bo ona najpierw przychodziła na terapię indywidualną.

Potworną frustrację.

AGATA: Którą przelewała też na partnerkę, bo czuła w pewnym momencie, że jest na doczepkę w jej rodzinie. Kochała ich wszystkich, ale tęsknota i żal w niej narastały. Poza tym niezrozumienie i ból, że jej rodzice, z którymi tak dobrze się czuła jako dziecko, jednak jej nie przyjęli. Nie miała pojęcia, o co chodzi, nie była w stanie tego zrozumieć. Nie można tutaj mówić o szczęśliwym zakończeniu, chyba że szczęśliwe jest to, że przerobiła swoją historię, poradziła sobie ze swoimi emocjami, ułożyła je w relacji, ale potrzebna była bezwzględnie praca w parze. I wsparcie partnerki w tym, żeby stworzyć głębszą relację z jej rodziną. Ale też przepracować, co czuje partnerka, której rodzina żony nie chce poznać.

Ale przynajmniej wie o jej istnieniu. Znam pary, w których jedna strona nie decyduje się na coming out. A ta, która się zdecydowała, zaczyna naciskać.

AGATA: Pytanie, co jest przemocowe — naciskanie na coming out partnera czy zmuszanie kogoś do kłamania. Relacja pary, z którą już nie pracuję, ostatecznie zakończyła się właśnie dlatego, że nie byli w stanie się dogadać, jaką podjąć decyzję. No bo ile można zmuszać drugą osobę, żeby jeździła z nami na święta i udawała kolegę?

Na co najbardziej wpływa problem z coming outem w parze?

AGATA: Na blokadę emocjonalną. Pojawia się różnica w umiejętności komunikowania swoich emocji, potrzeb, trudności. Inne jest pozycjonowanie w relacji: ktoś zaczyna być lepszy, ktoś gorszy, mogą pojawić się zachowania przemocowe. No i niewypowiedziane pytania: może on się mnie wstydzi? Może nie chodzi wcale o coming out, tylko łatwiej mu mówić, że jestem kolegą? Może z kimś innym by się wyoutował?

Oceniamy nie tylko siebie, naszego partnera, ale także inne pary.

ROBERT: Można powiedzieć, że coming out własny a coming out pary to dwa różne coming outy. Pytanie, jak zdefiniować parę, jeśli jedno nie jest wyoutowane. Zdarza się jednak, że po coming oucie jedna osoba daje przykład drugiej, która widzi, że świat się nie zawalił, że nie zawsze zostaje się odrzuconym. Oswajanie się i obserwowanie tego pozwala podjąć taką samą decyzję. Ale czasem to niewiele daje i druga strona prezentuje cały repertuar powodów, dla których nie może się ujawnić. Bo tata dostanie zawału, matka oszaleje…

Babcia jest za stara, nie wytrzyma.

ROBERT: Za stara, za młoda, za konserwatywna, za jakaś… To zawsze jest lista realnych i mniej prawdopodobnych powodów, które jeszcze nabierają mocy, kiedy rodzice się starzeją i pojawia się wizja, że trzeba będzie z nimi zamieszkać. Przywołam przykład pacjenta, który nie chciał powiedzieć ojcu o swojej orientacji w momencie, kiedy ten stał się od niego zależny, ponieważ uznał to za potencjalny szantaż. Ojciec nie miał wyjścia, musiał się do niego wprowadzić, więc musiałby też przyjąć to, że jego syn jest gejem. Ale ten nie mógł go opuścić ani mu o wszystkim powiedzieć, bo postawiłby go w sytuacji bez wyjścia.

AGATA: Jeśli nie postawiłby w niej ojca, to postawiłby siebie.

ROBERT: Mamy też pacjentów żyjących w trójkątach. Nie chcą opuścić swoich partnerek czy partnerów, więc wybierają trójkąt.

Mężczyzna ma nowego partnera, ale zostaje z żoną?

ROBERT: Albo żona nie daje mu rozwodu.

AGATA: Nie każdy czuje się zdradzony, kiedy partner czy partnerka sypiają z osobą tej samej płci.

ROBERT: Prowadzę również pacjenta, który ma żonę i chłopaka. I wszyscy są aktywnymi użytkownikami chemseksu. Żyją w emocjonalnym i seksualnym trójkącie.

AGATA: Przychodzą też kobiety, które przeczytały książkę Marii Mamczur *Żony gejów*, zapytać nas, czy ich partner jest gejem, czy nie. I mówią wprost, że zostają w takim układzie, bo nie ma konkurencji, zazdrości, ryzyka, że odejdzie, stworzy nową rodzinę. Chociaż oczywiście takie ryzyko jest.

ROBERT: Te kobiety często mają poczucie, że dużo dostają, opowiadają o kwiatach, czułych słowach, bliskim kontakcie...

AGATA: I do tego mają dobry seks z partnerem, bo on cały jest skoncentrowany na niej. Nie chcą widzieć, że to skupienie może być wynikiem poczucia winy.

Jakie jeszcze problemy mają pary jednopłciowe?

ROBERT: Problemy z seksem. Albo już go nie ma, albo znika pożądanie, ewentualnie pojawiają się problemy z erekcją.

AGATA: Czasem pojawiają się też kłopoty finansowe. Zwłaszcza jeśli w parze jest duża różnica wieku i na przykład po piętnastu latach związku układ sił się zmienia — osoba, która dominowała, przestaje to robić.

ROBERT: A młodsza tak się przy starszej rozwinęła, że zaczyna ją wyprzedzać. Tymczasem starsza myśli już o emeryturze.

AGATA: Niektóre pary borykają się z nudą.

ROBERT: Myślę, że to akurat problem uniwersalny, nie tylko par jednopłciowych. Współcześnie mamy duży kłopot z radzeniem sobie z frustracją. Myślimy często: „Przecież mam takie możliwości! Mogę mieć wszystko, i to szybko. Nie chcę na nic czekać". A to przekłada się na związek: jak jest kryzys, uciekam, po co mam rozwijać relację? Przecież czekają na mnie kolejni potencjalni partnerzy, nie będę się męczyć.

AGATA: Urozmaicenie wydaje się łatwo dostępne.

ROBERT: Dlatego pojawia się oczekiwanie, że partner zapewni ekscytację.

AGATA: I dodatkowo łatwiej rozstać się parze jednopłciowej niż parze hetero, bo parę hetero wszyscy będą ratować — rodzice, przyjaciele, znajomi. Parę hetero często trzyma to, że jest po ślubie, że są dzieci, wspólne mieszkanie. Żeby się rozwieść, muszą mieć pieniądze i odwagę. Dla wielu osób sama biurokracja jest nie do zniesienia.

ROBERT: Podobno pary nie rozstają się przez grożące im obniżenie statusu majątkowego albo kredyt...

AGATA: Może dlatego pary jednopłciowe też coraz częściej je biorą?

ROBERT: Choć trudniej im je razem dostać.

AGATA: Niektórzy wstydzą się nawet pójść do banku. Nie dlatego, że nie dostaliby kredytu, chodzi raczej o to, jak będą tam na nich patrzeć. „A jak trafię na jakiegoś homofoba?". Nie ma żadnego banku, który...

ROBERT: Jest! BNP Paribas Bank.

AGATA: Ma gejów w spocie?

ROBERT: Miał, było o tym głośno.

AGATA: A teraz stawia na ekologię…

AGATA STOLA, psychoterapeutka, seksuolożka, specjalistka terapii uzależnień. Współzałożycielka Instytutu Splot. Praktykę zawodową łączy z pracą dydaktyczną na Krakowskiej Akademii im. Andrzeja Frycza Modrzewskiego i pracą w Fundacji Edukacji Społecznej.

ROBERT KOWALCZYK, doktor nauk medycznych, psycholog, seksuolog kliniczny, psychoterapeuta. Współzałożyciel Instytutu Splot. Adiunkt na Wydziale Psychologii i Nauk Humanistycznych Krakowskiej Akademii im. Andrzeja Frycza Modrzewskiego. Współpracuje z Centrum Medycznym Kształcenia Podyplomowego oraz Uniwersytetem SWPS. Z Aleksandrą Krasowską prowadzi *SexAudycję* w TOK FM.

Ocalić życie na zgliszczach

O powikłanej żałobie po śmierci dziecka
Rozmowa z Bernadettą Janusz

„Zdrowe małżeństwo zdarza się wówczas, gdy w danym momencie tylko jedna osoba jest szalona" — zdaje się, że pani lubi to zdanie.

Bardzo.

Co ono według pani znaczy?

To, że nawet jeśli jedna osoba jest w rozpaczy, psychicznie się rozsypuje, to druga jest na tyle odporna i spokojna, że jest w stanie zobaczyć w tym emocje, które przeminą. Że to wytrzyma.

Nie odejdzie.

Nie zamknie się w pokoju, nie porzuci partnera — wytrzyma. Myślę, że to oznacza tak zwany zdrowy związek, bo w innym momencie może zdarzyć się odwrotnie.

Na przykład podczas żałoby — równowaga w jej przeżywaniu może być zachwiana.

Gdybym miała sobie wyobrazić kadr filmu przypominający początek pracy terapeutycznej z parą w żałobie powikłanej, po śmierci dziecka, pomyślałabym o płonącym mieście. Widzimy palące się domy, gdzieniegdzie już same zgliszcza. Właściwie bez różnicy, czy to rodzice, których dziecko popełniło samobójstwo, umarło po chorobie czy zginęło w wypadku — chodzi o to, żeby ocalić życie.

Czym jest powikłana żałoba?

To jest żałoba, która paradoksalnie nie jest opłakiwaniem, pożegnaniem i przejściem na inny poziom psychicznej czy duchowej bliskości, tylko żałoba, która nie pozwala pożegnać się z osobą, która umarła, ponieważ relacja z nią była trudna. Wtedy żałoba jest skomplikowana, bo więź też taka była. Proszę wyobrazić sobie ojca, który pije i jest nieobecny albo agresywny — człowiek właściwie nie wie, czy on był w roli ojca, czy nie. Mam opłakiwać kogoś, kogo właściwie nigdy nie było? Podobnie jest po stratach perinatalnych.

Czyli po poronieniach i aborcjach.

Jest wątpliwość: czy mogę nazywać się matką albo ojcem? Obie te grupy łączy utrata możliwości posiadania dziecka. I wyobrażenia o byciu mamą, tatą. Zadaniem terapeuty w wypadku takiej żałoby jest próba dotarcia do więzi z tym dzieckiem, nawiązania z nim kontaktu.

Rozumiem, że inaczej taką żałobę przeżywają kobiety, inaczej mężczyźni.

Związanie się z dzieckiem u kobiety przebiega na poziomie ciała. Ona to dziecko czuje, ich więź jest bardziej intensywna. Żegnanie się z kimś, kogo się czuło — dosłownie, fizycznie, jest inne. Moment utraty też. Jeśli dziecko jest chore i rodzice decydują się na aborcję, to matka bierze leki, po których dziecko przestaje się ruszać, a potem musi to dziecko urodzić. To doświadczenie traumatyczne. Żałoba w wypadku takich kobiet często wiąże się ze stresem pourazowym.

A w wypadku mężczyzn?

Momentem traumatycznym często jest dopiero ten, w którym rodzi się martwe dziecko. Wcześniej przeżywają lęk o swoją partnerkę. Ale muszę powiedzieć jeszcze jedno: kiedy rodzice dowiadują się, że dziecko jest chore, ma jakąś wadę, która spowoduje jego śmierć tuż po urodzeniu, często zapadają w letarg, w pewien rodzaj zamrożenia. Bo trudno się wiązać z dzieckiem, które umrze. Więc szybko przychodzi taka myśl: żeby to już było za nami.

Zaczynają przeżywać żałobę, zanim dziecko umrze?

Trudno powiedzieć, czy to żałoba, raczej taki stan oczekiwania, żeby już było po. Stan nicości, stuporu. Potem skupiają się na braku, odejściu dziecka, stracie — ludzie w ogóle na tym skupiają się podczas żałoby. Tymczasem rolą terapeuty jest przywrócenie połączenia z żywą osobą — uświadomienie, że ona była, coś wniosła, jakoś nas ukształtowała, nawet jeśli jej obecność trwała chwilę. Pozwolenie, żeby rodzice nie trwali przy tym braku i przywrócili więź z tym, co dziecko im dało, nawet jeśli było tylko marzeniem, możliwością. To bardzo ważne.

Dlaczego?

Bo jeśli rodzice poczują więź z dzieckiem, mogą się z nim pożegnać. Dzięki temu mogą myśleć o sobie jak o rodzicach. Nawet takiego dziecka, które było w ich życiu tylko przez moment.

Inaczej jest po aborcjach. Przybliżanie takiej pary do kontaktu z dzieckiem wywołuje poczucie winy. A my staramy się pomóc rodzicom zrozumieć, że nikt nie jest omnipotentny i nikt nie ma do końca wpływu na zdrowie i życie swojego dziecka. Więc z jednej strony musimy im pomagać w szukaniu więzi z dzieckiem, a z drugiej zgodzić się na bycie z nimi w poczuciu winy, które to zrodzi.

Zwłaszcza że pewnie często czują się oceniani.

Dlatego ważne jest, żeby w terapii nie oceniać ich wyboru moralnie czy wręcz kryminalnie, tylko traktować go egzystencjalnie: podejmujemy w życiu różne decyzje, a odpowiedzialność za nie z nami zostanie. Pomagamy parze zobaczyć, w jakim miejscu jest teraz, zaakceptować sprzeczne uczucia, czasami pożegnać się z nadzieją na dziecko. No bo rodzice są zwykle zaskoczeni: „Co się ze mną dzieje? Zdecydowałam się przecież, a czuję się winna".

Czy to pomieszanie stanów i emocji pacjenta jest najtrudniejsze dla terapeuty?

To trudne, ponieważ żegnanie się z dzieckiem czy utratą ciąży może nasilać poczucie winy. Pojawia się również wątek prześladowczego samooskarżania, stygmatyzacja nasilana przez społeczny i polityczny kontekst aborcji. Padają stwierdzenia: „Jestem w tym kraju prześladowana", albo: „Jestem zabójcą". Obydwa konteksty mogą nasilać stres pourazowy.

To musi być potwornie trudne: poza tym, że w ogóle w takiej sytuacji doświadczamy pewnego rodzaju chaosu żałoby, to jeszcze jesteśmy oceniani społecznie.

Bardzo mi się podoba określenie „chaos żałoby": bo to jest dokładnie coś takiego, trudno mówić tu o jakichkolwiek fazach. Lekarka Elisabeth Kübler-Ross badała umierających pacjentów i wyodrębniła fazy przechodzenia nieuleczalnej choroby, po czym dość mechanicznie zostało to przeniesione na żałobę po śmierci. Tymczasem żałoba ma raczej fale, dość nieprzewidywalne. Nagle coś sobie przypomnimy albo zobaczymy czy usłyszymy, i to w nas przywoła konkretną myśl, obraz, wspomnienie. Ta fala musi przyjść. W powikłanej żałobie często wchodzimy w tunelowe myślenie: jeśli poroniłyśmy, inne dzieci przestają być ważne, mąż przestaje być ważny, praca, przyjaciele, jakieś pasje też. Ważna jest tylko utrata. W ogóle muszę powiedzieć, że żałoba raczej się nie kończy.

Jak w takim razie sobie z nią poradzić?

Ważne, żeby ta utrata miała swoje miejsce, nie zagarnęła wszystkiego. Żeby był ból, ale też radość z tego, że byłam matką. I pamięć o tym, co dziecko wniosło w moje życie. Pomagamy rodzicom ułożyć sobie relację z dzieckiem, które odeszło, żeby nadal było ważną osobą w ich życiu, ale jednocześnie, żeby mogli wrócić do innych relacji, na przykład z pozostałymi dziećmi. Bo można się zatracić, wejść w tunel i być tylko w tej utracie, nie wracać do świata.

Tunelowe myślenie na początku żałoby jest chyba dość naturalne?

W ostrej żałobie nie tylko po śmierci dziecka to zupełnie naturalne, że przez pierwsze miesiące jest się zaabsorbowanym utratą i że inne dzieci, w ogóle inni ludzie, schodzą na dalszy plan. Ale potem powoli się do nich wraca. Bo umysł rodzica w żałobie cały czas dąży do tego momentu, kiedy dziecko jeszcze żyło, chce się z nim połączyć, ciągle zadaje sobie pytania: Co zrobiłem źle? Co mogłem zrobić inaczej?

Włącza się myślenie magiczne — gdybym nie wyszła, to...

Czas przestaje być linearny, żyje się w przeszłości, teraźniejszość jest taka przymglona. Ale ta mgła teraźniejszości robi się z czasem mniej gęsta, natomiast wyjścia do przeszłości z dzieckiem nie są takie, że cofam się w czasie i tkwię w przeszłości, tylko bardziej jestem z nim w sercu.

Czy takie pytania — co zrobiłem źle? — pojawiają się głównie u rodziców, których dziecko popełniło samobójstwo?

Znam rodziców, naprawdę świetnych, których dziecko postanowiło się zabić. Jego samobójstwo jawiło się jako gwałtowny impuls, nie wiadomo czym spowodowany, i w tym właśnie tkwi największy problem. Bo są takie samobójstwa, po których możemy przypuszczać: była depresja, dziecko się wycofywało z życia, były próby pomocy — i to jest ważne, bo pozostawia nić zrozumienia tego, co dziecko mogło przeżywać. Natomiast w sytuacji samobójstw popełnionych z powodu gwałtownych, nierozeznanych emocji bliscy mogą zakwestionować w sobie wszystko: to, jakimi byli rodzicami, rodzeństwem. Jakbym szła drogą, którą dobrze znam, dzień jest słoneczny, i nagle wpadam w urwisko. To jest naprawdę straszne.

Ale czy paradoksalnie nie uwalnia z poczucia winy? Takiego impulsu nie sposób przewidzieć, nie ma się na to wpływu.

To, o czym pani mówi, to dobry efekt terapii. Rodzic na początku myśli: zawiodłem, nie zauważyłem, co się dzieje, w ogóle nie widziałem, że coś się dzieje. Pierwszym odruchem jest kwestionowanie: czy naprawdę byłam taką matką, jak mi się wydawało? Czy moje dziecko było takie, jak je widziałam? A może w ogóle go nie znałam? Czy to, jak widzę świat, jest adekwatne? W takiej sytuacji rodzice niczego nie są pewni. Myślą, że to była jakaś iluzja. To jest wielki cios.

Jak pomaga się takiej parze?

Trzeba z nimi przejść przez wszystkie wątpliwości i natrętne myśli, przyjrzeć się im, bo oni ciągle są w intensywnej relacji z dzieckiem. Terapeuta nie może się spieszyć, słucha, daje możliwość utrzymania tej więzi. I przekształcania znaczeń.

Co jest najtrudniejsze w pracy z taką parą?

Nie ból, nie rozpacz, nie obwinianie się, nie natrętne pytania i myśli — bo jeśli to wszystko jest, to znaczy, że czegoś jeszcze chcę. Można powiedzieć, że żałoba to życie, bo ona się bierze z więzi, z miłości. Jednak to, co jest dla mnie trudne, to bardzo specyficzny rodzaj zamrożenia: rodzice, którzy odłączają się od czucia. Z jednej strony przychodzą na terapię, ale z drugiej wszystko po swojemu układają sobie w głowie i nic się nie zmienia.

Co może pani zrobić?

Muszę spróbować ich poruszyć, ale mam dylemat: czy ja mam prawo naruszać ich mechanizm obronny — swoistą tarczę, która ich chroni przed bólem? Mam na przykład taką parę: ojciec bardzo szybko uznał, że nie chce do tego wracać. Przychodzi na terapię dla żony, ale niczego nie chce zmieniać. W innej parze żona czuje, że mąż jest gdzie indziej, nie jest z dzieckiem, nie jest z nią. „Jeśli ja to tak bardzo przeżywam, a on nie, to o czym to świadczy?" — mówi. „Nie kochał dziecka? Nie rozumie mnie?".

Jeśli nie ma innych dzieci w rodzinie, to pewnie partner ciągle przypomina o zmarłym.

Jeśli jeden partner tkwi w bólu, stale przypomina drugiemu to, od czego ten próbuje się odłączyć. Ten drugi siłą rzeczy ucieka od niego, coraz częściej chce być poza domem, wyjeżdża w różne delegacje. To może spowodować rozstanie i osoba, która tkwi w żałobie, myśli: opuścił dziecko i mnie. Jednocześnie widzę, że dla tej drugiej strony to taki mechanizm, który pomaga jej poradzić sobie z życiem. Więc co powinnam zrobić? Sprawić, żeby on z nią był? Czy dać mu spokój? To są trudne momenty.

Rozumiem, że to indywidualne — w trakcie terapii pani stwierdza, kto takie poruszenie wytrzyma.

Oczywiście, bo terapia par dzieje się w interakcji. Próbuję i patrzę, jaki jest odzew — pójdę z nimi w tę stronę czy się wycofamy? To jest ta niewiadoma: idziemy kawałek, próbuję coś otworzyć, a potem robię krok w bok i patrzę, jak będzie temu drugiemu z tym, że pierwsze zostanie w innym miejscu. Zaakceptują różnicę czy nie? Z drugiej strony, jeśli ich sposoby przeżywania żałoby mogą być tak skrajnie inne, pojawia się pytanie: czy to wciąż jest para? Śmierć dziecka to bardzo intymna sprawa, jeśli nie dzielą tu intymności, to jak będzie z intymnością w innych sferach?

Na przykład seksualnej.

To bardzo złożone: para, która stara się o dziecko i nie może go mieć, z miejsca naraża się na zakłócenie tej sfery, ponieważ seks pojawia się w określonym celu, w konkretnych momentach. Staje się mechaniczny. Jeśli zdarzają się poronienia, to na seks pada nie tylko cień obowiązku, ale też śmierci. To bardzo skomplikowane, lecz ważne jest, żeby ta sfera wróciła na drogę więzi i życia.

Co z rodzicami dzieci, które umierają w konsekwencji chorób?

Mają najwięcej społecznego wsparcia, więc rzadziej trafiają na terapię, tym się różnią od poprzednich grup. Inaczej, jeśli rodzice nie mieli wsparcia, czegoś nie zrozumieli, nie dogadali się z lekarzem. Czasami nie ma błędów medycznych, ale są błędy w komunikacji, i to potem rodziców męczy, obwiniają się, zadają sobie pytania, czy coś mogli zrobić lepiej. Dziecko umarło, ale oni cały czas w swoich umysłach są jeszcze przed śmiercią. Nie mogą się z nią pogodzić.

Podczas choroby dziecka może też dojść do rozdzielenia: rodzice tracą więź, bo spierają się o leczenie. Albo decydują, że matka zostanie z dzieckiem, a ojciec będzie pracował, i pojawiają się nieporozumienia. Zanika więź. Później już są osobno, czują, że nie tylko nie mają dziecka, ale siebie również opuścili.

Mogą też inaczej radzić sobie z chorobą dziecka.

Jest jeszcze jeden traumatyczny rodzaj straty: dziecko umiera wskutek wypadku, a rodzic czuje, że jakoś się do niego przyczynił, nie dopilnował dziecka. To bardzo komplikuje żałobę i powoduje stres pourazowy.

Pewna lekarka opowiadała mi o ojcu, który był rolnikiem, cofał na podwórku traktor i jego synek zginął. Nie była to jego wina, dziecko wybiegło, nie miał szans go zauważyć. Nie pomagały żadne leki — żona przychodziła do lekarki co tydzień i płakała, a mąż milczał, na nic nie reagował. Któregoś dnia ta lekarka powiedziała ojcu, że jego syn jej się śni. I nagle on się zainteresował. Mimo iż ona użyła tego jako metafory — słuchała ciągle jego żony, dużo o tym myślała, i tak rzuciła, a ojciec to chwycił. Potem przychodził do niej co tydzień i oczekiwał więcej snów!

I co zrobiła?

Wymyślała te sny, a jego stan się poprawiał. Szczegóły z życia chłopca lekarka znała od żony, więc mogła w ten sposób prowadzić terapię. Tylko czuła się winna za kłamstwo. Mimo iż w pewnym sensie nie było to kłamstwo, bo ona była swego rodzaju medium między nim a jego żoną. I między dzieckiem a nim. Bo, tak jak powiedziałam na początku — powikłana żałoba to jest przerwanie połączenia między osobą w żałobie a jej bliskim zmarłym.

Jest jeszcze taka klasyczna sytuacja żałoby, ale bez śmierci.

Co to znaczy?

Dziecko opuszcza dom, na przykład wyjeżdża na studia do innego miasta. I okazuje się, że jedno z rodziców było z dzieckiem znacznie bliżej niż z partnerem, nie może pogodzić się z tym, że dziecko odeszło z domu. Wtedy związek przestaje mieć sens, życie w ogóle nie ma sensu, bo dziecko było kimś, kto dawał rodzicowi wszystko, a w każdym razie więcej niż partner. I wtedy ta żałoba mówi partnerowi, jak mało jest ważny. To go wtórnie rani. To samo zresztą się dzieje, kiedy dziecko umrze: partner nie może przeżyć własnej żałoby, ponieważ ożywa w nim ciągle poczucie wykluczenia, które już miał za życia dziecka. Tylko teraz jeszcze bardziej, bo nie ma dziecka ani partnera. Żałoba i utrata, dwa wykluczenia.

Co pani robi, żeby wytrzymać tę pracę?

Jeżdżę na rowerze, dużo chodzę. Przejście między pracą a domem na szczęście trochę trwa. Kiedyś wracałam do domu i włączałam w kuchni TOK FM, audycję *Kochaj się długo i zdrowo*, myłam naczynia i jej słuchałam. Moja rodzina myślała, że jestem pasjonatką tego programu, a ja chciałam się tylko oderwać, mieć alibi, nie musieć z nikim rozmawiać. Ale tak poważnie, to myślę, że mając taką pracę, trzeba być bardzo związanym z życiem, mieć dużo innych spraw, do których się tęskni: z kimś się spotkać, gdzieś pojechać, coś czytać, oglądać, słuchać, przeżywać, żeby się nie zamrozić. Być zmysłowo zaangażowanym w życie, nie identyfikować się z cieniem, śmiercią. Mieć pasję życia i dzielić się nią z pacjentami, bo terapia powikłanej żałoby to terapia na rzecz odzyskiwania połączeń z życiem.

Bycie terapeutką rodzin i par pomaga w życiu prywatnym czy przeszkadza?

Może przeszkadzać, bo ma się przesyt interakcji z ludźmi — dlatego mam ochotę myć szafki, słuchać audycji i w milczeniu jeździć rowerem. Rodzina może się czuć opuszczona. Ale może też pomagać, bo nie mam takiego pragnienia, żeby być doskonałą. Profesor Irena Namysłowska powiedziała kiedyś, że rodzina to jest dynamiczny proces — każda na pewnym etapie jest funkcjonalna, a na innym nie. I myślę, że ten zawód daje przyzwolenie na to, żeby nie być doskonałym. Uwalnia od marzeń o idealnej rodzinie.

Zaczęłam od obrazu pary na zgliszczach, którą terapeuta musi wyprowadzić do życia. Ale muszę dodać, że to, co jest dla mnie bardzo satysfakcjonujące, to ten moment, kiedy na zgliszczach powoli rodzi się życie. Ktoś nagle powie, że szanuje wybór dziecka, także tę najtrudniejszą decyzję o odebraniu sobie życia. Albo nagle zażartuje. To są takie momenty, kiedy rodzi się radość. Często ludzie przychodzą na terapię, bo chcą, żeby było tak jak kiedyś, chcą wrócić do tego, co było wcześniej. Ale jeśli przeżyło się śmierć dziecka, nie ma powrotu do tego, co było. To niemożliwe. Jak się przechodzi taką utratę, nie można być tym samym człowiekiem. To nas zmienia. A ja towarzyszenie tej zmianie odbieram jako wielki przywilej.

BERNADETTA JANUSZ, psychoterapeutka, etnolożka, psycholożka kliniczna, adiunktka w Pracowni Psychologii i Psychoterapii Systemowej Collegium Medicum Uniwersytetu Jagiellońskiego. Redaktorka czasopisma „Psychoterapia". Bada zjawisko żałoby w rodzinie, rytuały przejścia.

Pół procent nadziei

Czy rozstanie może być celem terapii
Rozmowa z Dorotą Ziółkowską-Maciaszek

Kiedy powiedziałam przyjaciółce, że będę rozmawiała z terapeutami par, krzyknęła spontanicznie: „O, świetnie! Nie znam pary, która poszła na terapię, a potem się nie rozstała!".

Gdyby było tak źle, nie zajmowałabym się terapią par tak długo!

Pomyślałam, że nawet gdyby tak było, to i tak nieźle — może ludzie rozstawaliby się mądrzej? Bez galopujących emocji, korzystniej dla dzieci.

Dość często obserwuję taki wzorzec: kiedy para się rozstaje, zaczyna ze sobą walczyć i przestaje się szanować. Nie licząc się z kosztami, uruchamia tryb odwetu. Partnerzy podsycają niechęć wobec siebie, krzywdzą się i prowokują przy wsparciu sojuszników z najbliższego otoczenia. Bogdan de Barbaro nazywa to pułapką krzywdo-winy: oboje czują się naprzemiennie krzywdzeni i winni, te postawy lubią chodzić parami.

Ktoś czuje się skrzywdzony, bo czegoś nie dostał, więc zachowuje się agresywnie i natychmiast czuje się winny.

Albo odwrotnie: ktoś w punkcie wyjścia czuje się winny, a ponieważ to trudna emocja, natychmiast projektuje winę na drugiego i w ten sposób sam czuje się skrzywdzony. Dobrze to widać w skonfliktowanych parach, które eskalują emocje tak mocno, że przeprowadzenie rozwodu spokojnie i rzeczowo jest właściwie niemożliwe. Nawet gdy oboje partnerzy widzą, że na tym tracą.

Raz jedno krzywdzi, raz drugie.

Dobrze spojrzeć na to tak: nie chodzi o to, żeby wskazać winnych i niewinnych, tylko rozwiązać pętlę krzywdo-winy i szukać rozwiązań dobrych dla obu stron. Zwłaszcza w tak kryzysowej sytuacji jak rozwód. To przecież cała masa przytłaczających emocji. Poza tym jeśli rozwód nie jest ich wspólną decyzją, wiąże się z dotarciem do doświadczenia opuszczenia.

Dlaczego? Przecież większość z nas doświadczyła w dzieciństwie jakiejś formy opuszczenia — realnej albo symbolicznej.

Właśnie dlatego! W sytuacji porzucenia może otwierać się w nas wielka niezagojona rana, często z tych najwcześniejszych doświadczeń. Wiele osób ją ma, ponieważ były opuszczane, często bez świadomej intencji opiekunów. Jeszcze dwie dekady temu, kiedy zostałam mamą, zdarzało mi się słyszeć, że jest taki świetny sposób na rozłąkę z dzieckiem: ktoś odwraca jego uwagę, a matka cichaczem wychodzi.

Czyli z perspektywy dziecka znika.

Dziecko biega po całym domu i zastanawia się, gdzie ona jest, a ona już sobie poszła, żeby nie dopuścić do rozdzierających protestów dziecka. Mama mogła sobie świetnie poradzić z emocjami, ale dziecko zostawało w rozpaczy, z poczuciem opuszczenia i oszukania. Dziś na szczęście wiedza na temat budowania bezpiecznej więzi w najwcześniejszym okresie życia jest bardziej powszechna.

Jak często rozstanie jest celem terapii?

Niektóre pary faktycznie przychodzą po to, żeby pomóc im w przyzwoitym rozstaniu. Inne traktują terapię jak ostatnią próbę, chcą zobaczyć, co będzie. Jedno mówi: „Przychodzę tutaj tylko ze względu na szacunek do naszych wspólnych lat". A kiedy pytam procentowo o nadzieję, mówi: „Pół procent". Drugie na to: „Właściwie nie widzę szansy, jestem już poza tym związkiem".

To po co przychodzą?

No właśnie! Wydaje się, że nic ich już nie łączy, ale skoro przychodzą, to najwyraźniej coś tam jeszcze jest. Czasem to dobre wspomnienia albo lęk o przyszłość. Czasem poczucie winy albo chęć dobrego zakończenia relacji. Ale myślę, że nawet jeśli motywacja jest taka: „Chcę tu przyjść, żeby czuć się w porządku, nie zlekceważyć partnera, nie odtrącać go, mimo że emocjonalnie już go opuściłem" — to ona jest ważna. Bo można wtedy popracować nad emocjami, złagodzić je. Spojrzeć na rozstanie z innej perspektywy, uczciwie się pożegnać.

Terapeuta może być akuszerem dobrego rozstania.

Oczywiście. Bywa też tak, że ktoś chce odejść pod wpływem impulsu, bo na przykład niedawno doszło do zdrady. Tymczasem związek ma bazę, między partnerami jest emocjonalna więź. Kiedy pokazuję, że można pracować nad takim kryzysem, że zdrada może, ale nie musi być końcem, para często podejmuje wyzwanie i udaje się związek uratować. Natomiast jeśli któreś podjęło emocjonalną decyzję o rozstaniu, to terapia tej relacji nie uratuje.

Za późno przychodzą?

Za późno pewne rzeczy zostały nazwane. Czasami jedna strona zaplanowała już rozstanie, a druga nie miała o tym pojęcia — działy się między nimi trudne rzeczy, ale słowo „rozwód" nie padało. Były kłótnie, ale radykalnej rozmowy o tym, że jest bardzo źle, nie. W związku z tym jedna osoba myśli, że jest jak u innych: ludzie się czasem kłócą, czasem nawet nie lubią, raz jest gorzej, raz lepiej. Druga w tym czasie podjęła decyzję, przygotowała się do rozstania i zakomunikowała to.

To jeden z najsmutniejszych rodzajów rozstań: jedna strona nie ma pojęcia o tym, że druga już dawno zdecydowała o odejściu. Jedyne, co jej pozostaje, to je obserwować. Potem trudno ten etap zamknąć, czasem nie wiadomo, co się właściwie wydarzyło.

Zdarza się, że ktoś odchodzi i nawet nie chce o tym rozmawiać. Więc kiedy para trafia do terapeuty w takim momencie, może przynajmniej zamknąć pewien rozdział w życiu, jakoś sobie z tym poradzić. Na szczęście większość par w kryzysie około-rozwodowym zgłasza się jednak wcześniej.

Czyli kiedy?

Jest źle, słowo „rozwód" już pada, ale staje się trochę przezroczyste, partnerzy nie przywiązują do niego wagi. Aż któreś nadaje mu rangę i mówi: „Słuchaj, nie chcę już tak żyć, zastanówmy się, jak przeprowadzić rozstanie". No i wtedy pojawia się myśl: chodźmy po pomoc. Czyli terapia jest proponowana przy różnych okazjach przez któregoś z partnerów, ale oboje się boją skonfrontować z tym, co wydarzy się w gabinecie.

Boją się, jak rozwód wpłynie na dzieci?

Dopóki sama nie miałam dziecka, wydawało mi się, że to jest trochę nadużywany powód — nie dlatego, że dzieci nie są ważne, tylko zwykle nie one są najbardziej istotnym powodem unikania rozejścia. Teraz zdaję sobie sprawę, jak jest to ważne — rodzice boją się, że zrujnują dzieciom życie, dużo o tym myślą.

Czy dobrze przeprowadzony rozwód jest dla dzieci korzystniejszy niż życie z rodzicami, którzy są skonfliktowani?

To zależy od wielu czynników. Badania profesora Johna Gottmana, który przez całe dekady zajmował się odkrywaniem tego, co służy, a co szkodzi parom, pokazują, że konsekwencje życia w rodzinie, gdzie jest wrogość, są tak samo trudne jak w tej, która się rozpadła. Chodzi głównie o stres dzieci. Ale dyskusja ekspertów na ten temat wciąż trwa: do tej pory różne organizacje prorodzinne straszą dramatycznymi skutkami rozwodów, wyciągając i cytując wyrywkowo badania Judith Wallerstein z lat osiemdziesiątych, która je opisała. Autorka twierdziła, że niezależnie od tego, jak źle było w rodzinie, dzieci przeżywają rozwód rodziców jako stratę, bolesne doświadczenie, bo załamuje się struktura rodziny, a ona jest dla dzieci ważna. Przy czym według niej rozwód nie oznacza automatycznie traumy. W zależności od tego, kto czyta te badania, wyciąga różne wnioski.

A pani jak myśli?

Obserwuję na co dzień rodziny w tej sytuacji i widzę, że rozwód to nie jest koniec świata. Dużo zależy od tego, jak zostanie przeprowadzony. Zresztą Wallerstein też na to zwróciła uwagę: jeśli rodzice potrafią się dogadać, wspólnie pełnić funkcje rodzicielskie po rozstaniu, a jakość ich relacji z dzieckiem jest dobra, to chronią je przed traumą.

Repertuar zachowań rodziców, które są przeciwieństwem tego, co pani opisała, nie ma granic. Czytałam kiedyś wywiad z prawniczką, która mówiła, że rodzice potrafią nie tylko porywać dziecko, nie przekazywać sobie jego ubrań, ale w skrajnych wypadkach podczas opieki naprzemiennej dziecko ma w każdym domu inne imię.

Można powiedzieć, że takie zachowania są kontynuacją przemocy poza związkiem. Ale mogą być też bezpośrednią odpowiedzią na rozstanie — jedno z partnerów psychicznie czuje się oszukane, więc sądzi, że ma prawo do odwetu i używa manipulacji pod płaszczykiem bycia opiekuńczym, dobrym rodzicem. Znam takie historie, w których „ten lepszy" rodzic rozlicza drugiego z założenia dziecku szalika, według niego nieodpowiedniego do pogody. Rozważa, czy dwuminutowe spóźnienie do szkoły to już wykroczenie rodzicielskie czy nie. Przesiaduje w przedszkolu, śledzi każdy ruch byłego partnera, by potem rozliczać go z ewentualnych błędów. Jednocześnie pokazuje, jak bardzo jest zaangażowany, by udowodnić, że bardziej interesuje się dzieckiem. To nie jest dobre rodzicielstwo, to nie jest troska o dziecko. To jest nękanie, nienawiść do partnera większa niż miłość do dziecka.

Zastanawiam się, czy myślenie, że rozwód nie jest końcem świata, sprawia, że decyzję o nim podejmuje się dziś łatwiej.

Nie mam poczucia, że ludzie łatwo podejmują tę decyzję. Oczywiście: są rozwody przedwczesne, część par decyduje się rozstać, nie ratując relacji. Ale też wiele osób tkwi w bardzo złych układach i również nie próbuje ich naprawiać. Bez przerwy kłócą się według tego samego scenariusza, podejmują nieskuteczne próby naprawy związku, na przykład wyrażając pretensje do partnera, i dziwią się, że to nie działa.

Podobno pary przez kilka lat próbują naprawiać związek, zanim trafią na terapię.

Widzę wśród nich trzy grupy. Pierwsza w bardziej lub mniej świadomy sposób przerzuca całe zło na partnera. „Ja jestem w porządku, tylko ta druga strona ma się zmienić". Trudno o jakiś postęp, w sytuacji gdy obwiniająca osoba w ogóle nie widzi swojego udziału w konflikcie. A ta obwiniana rzadko się odzywa, bo dawno już stwierdziła, że to i tak nie ma sensu.

Można im to pokazać?

Jeżeli ktoś mówi, że wszystko, co złe, jest po drugiej stronie, dementuję to, mówię, że to tak nie działa. Stosunkowo często te pary rezygnują z terapii, bo osoba, która ma pozycję nienagannej, świętej, nie chce się konfrontować z tym, że też ma coś do zrobienia w tej relacji. Ona zazwyczaj przyprowadza tę drugą stronę do naprawy.

A druga grupa?

Jedna osoba albo obie mówią: „To prawda — kłócimy się, wytaczamy swoje działa, i to jest złe, ale moje zachowania są tylko reakcją na to, co robi partner. Krzyczałam, bo on...". Druga strona na to: „Nie, nie — ja krzyczałem, bo ty krzyczałaś". I zaczynają wpadać w błędne koło, każde ma poczucie, że robi niefajne rzeczy, ale tylko w odpowiedzi na zachowania partnera, więc w obronie własnej. W rezultacie nie biorą odpowiedzialności za to, że oboje tworzą problem.

Ja bo ty, ty bo ja.

Z tymi parami łatwiej się pracuje, bo można im pokazać, że są w zaklętym kręgu obwiniania. Kiedy to zobaczą i skonfrontują się z emocjonalnym kosztem, cierpieniem, którego przez ten małżeński taniec doświadczają, można pracować nad tym, żeby każde z nich wzięło odpowiedzialność za swój udział w konflikcie. Natomiast w trzeciej grupie obie strony są świadome, że każde z nich wnosi coś trudnego, i są w stanie nad sobą pracować, nie przerzucając odpowiedzialności na partnera. To jest niesłychanie poruszające.

Dojrzałe.

I służy zmianie. Kiedy jedna osoba mówi: „No, niestety, mam taką naturę, że jestem strasznie niecierpliwa! Próbuję nad tym pracować, ale szybko wybucham, wystarczy drobna rzecz. Może jednak mogę coś z tym zrobić?". A druga odpowiada: „No tak, żona jest wybuchowa, ale ja też mam trudny charakter. Jestem tak wrażliwy na jakąkolwiek presję, że jak słyszę: «zrób coś», to natychmiast pojawia się we mnie opór". No i to jest fantastyczny punkt wyjścia, bo to znaczy, że oboje wiedzą, że mają coś do zrobienia.

To się naprawdę zdarza?

Tak! Chociaż niestety raczej rzadko. Poza tym to, że ktoś dostrzega swoje szkodliwe schematy, nie oznacza, że je rozumie i potrafi zmienić. Natomiast jeśli więź między partnerami jest żywa, to oni potrafią się na siebie otworzyć. Mniej obwiniają, rzadziej generalizują, mówią raczej o konkretnych sytuacjach: „Tu mnie zraniłeś". Nie pojawia się kategoryczne: „Nie jesteś w porządku". Walczą z problemem, a nie z partnerem.

Widać to po tym, jak się zachowują w gabinecie?

Oczywiście, to są takie subtelne rzeczy — przychodzą i któreś mówi: „A co te krzesła tak daleko od siebie?" — i je przysuwają. Albo jedno zaczyna płakać, a drugie natychmiast się przybliża, podaje chusteczki, dotyka. Reaguje empatycznie na emocje partnera. Używają liczby mnogiej, mówią „my". Często w takich sytuacjach odpowiadam: „Jak na parę w głębokim kryzysie mówicie bardzo spójnie". A oni na to: „A nie, bo wie pani — my dużo ze sobą gadamy! Ale w tych sprawach i tak nie możemy się dogadać". Zdarza się, że pary mówią, że jest tak trudno, że rozważają rozstanie. I mówią o tym wspólnym głosem.

Na czym polega praca z parą w kryzysie okołorozwodowym?

Najpierw określamy kluczowe problemy pary, a także cele i warunki terapii. Po zakontraktowaniu wspólnej pracy zazwyczaj pracujemy nad komunikacją. Czasem pary mówią: „Właściwie między nami nie jest tak źle, tylko ta komunikacja szwankuje". Ale kiedy pytam, jak się komunikują z innymi ludźmi, zwykle okazuje się, że bez problemów. Czyli nie chodzi o niskie kompetencje komunikacyjne, tylko o to, że ich problem wyraża się w niewłaściwej komunikacji.

Co to znaczy?

W tym, jak się komunikujemy, pokazujemy swoją postawę wobec drugiej osoby. Mogą być w niej widoczne brak szacunku, pogarda, lekceważenie. Albo stereotypy: inaczej rozmawiamy z kobietami, inaczej z mężczyznami. W komunikacji odzywają się przekonania na temat związków — na przykład, że jeżeli nie krzyknie się na mężczyznę, to on się do niczego nie weźmie. Niestety nasze nawyki komunikacyjne są straszne. Sfera publiczna mogłaby je modelować, a paradoksalnie pogarsza sytuację, debaty w mediach uczą nas, że jeśli z kimś się nie zgadzamy, musimy go obrazić, nawrzeszczeć na niego, wyśmiać go, odwrócić kota ogonem, zmienić temat…

Albo przynajmniej mu przerwać.

I przejść do monologu. Nie mamy wzorca, jak się dobrze pokłócić. Warto na kłótnię spojrzeć tak, że ona nie służy rozwiązywaniu problemów, ale może być przetarciem drogi do tego, by o problemie w ogóle zacząć rozmawiać. Kłótnia, przez wyrzucenie z siebie emocji, może co najwyżej obniżyć napięcie. Jednak żeby zmierzyć się z problemem, zamiast przerzucać się wulgaryzmami, lepiej wprost mówić, o co nam chodzi. Pokazać, co czujemy, nazwać potrzeby: „Jestem rozżalona, zła, dochodzę do ściany, bo na czymś mi zależy". W kłótni nasze słowa mogą być zbyt mocne.

Bo trudno opanować emocje.

Bo są emocje. Ale kiedy one zaczynają opadać, dobrze jest się pojednać. Kłótnia bez pojednania nie jest dobrą kłótnią, jest stratą energii, zmarnowaną okazją. Pary często wylewają na siebie wiadra nieczystości, potem każde idzie w swój kąt, śpią osobno, następnego dnia jedzą wspólnie obiad i jakoś przechodzą nad tym, co się wydarzyło, do porządku dziennego. Pozornie wyciszone emocje są ukryte i przy kolejnej błahej okazji zostaną wzniecone. Problem nie jest rozwiązany, nawet nie jest nazwany.

Więc prędzej czy później wróci.

Dlatego dobrze, żeby kłótnie kończyły się wzajemnymi przeprosinami. Czasami pary protestują: „Ale jak ja mam go przepraszać, skoro to on zaczął?!". Chodzi o to, żeby się przepraszać za formę, a nie za swoje potrzeby czy poglądy. „Przepraszam, że tak wrzeszczałam", „Przepraszam, że użyłem słów, które są karygodne. Chciałbym je wycofać, będę nad tym pracować". Dopiero gdy równowaga jest przywrócona, dobrze jest pomyśleć, co się właściwie wydarzyło i o co tak naprawdę poszło. Bo nie dochodzi się do istoty problemu, kiedy jest się w emocjach.

Wydaje mi się, że taka idealna kłótnia to utopia — rzadko kto potrafi nazywać swoje emocje, a co dopiero nimi zarządzać.

No więc właśnie: zarządzanie emocjami to niesłychanie ważny etap pracy z parą w kryzysie. Partnerzy rozpoznają swoje blokady komunikacyjne, czyli takie komunikaty, które ranią drugą stronę, uruchamiając w niej silne emocje i reakcje obronne. Na tym etapie pracy daję parom materiały edukacyjne, umawiamy się też, że na początku będę wtrącała się w ich sposób komunikacji.

Czyli obserwuje pani, jak ze sobą rozmawiają.

Kiedy widzę, że ich dialog idzie w ślepą uliczkę, proponuję przerwę, po czym pokazuję i nazywam to, co akurat utrudnia im zrozumienie się, usłyszenie nawzajem. Dajmy na to: „Jeśli pan obwinia żonę, to ona odsuwa się od pana i odpowiada sarkazmem". Albo: „Kiedy wchodzi pani w rolę męczennicy, to mąż w ogóle przestaje słuchać, wyłącza się".

Co z tym zarządzaniem? Jakoś gryzie mnie to słowo w zetknięciu z emocjami.

Pracuję nad tym, żeby partnerzy uczyli się rozpoznawać emocje, nazywać je i wyrażać adekwatnie. A potem regulować ich poziom. Niektórzy zauważają, że coś czują, ale nie potrafią tego określić. Mówią na przykład: „Czuję się źle".

Inni zatrzymują się na psychologicznych wytrychach, z którymi nie wiadomo, co potem zrobić. Na przykład: „Ale ja ci tylko mówię, co czuję!".

W kwestii czucia w ogóle jest dużo nieporozumień. W parach często pojawia się przypisywanie intencji drugiej stronie: wiem, jak z tobą jest, co myślisz i zamierzasz, bo „tak czuję". To jest nieporozumienie. Moją rolą jest zwrócenie na to uwagi: „Może pani czuć swoje emocje albo doznania z ciała. Ale nie intencje męża", „Może pan wyobrażać sobie, czasem nawet empatycznie zbliżyć się do emocji żony, ale nie może pan ich czuć". Jeśli poprawi się komunikacja, partnerzy mogą zacząć wyciągać korzyści z rozmów.

Czy zdarza się, że zabrania im pani rozmów? Bo rozmawiają i rozmawiają, a niczego to nie poprawia?

Oczywiście. W poppsychologii mówi się często: „Trzeba rozmawiać". Potem przychodzą pary i mówią: „Ale my bez przerwy rozmawiamy! Tylko że po każdej rozmowie trzeba brać tabletki uspokajające, bo te rozmowy do niczego nie prowadzą". Wtedy mówię: „Proszę państwa, pierwsze zadanie: w tym tygodniu nie rozmawiacie ze sobą. Proponuję, żebyście na ważne tematy przez jakiś czas rozmawiali tylko w gabinecie". I partnerzy reagują na to z ulgą: „Jak dobrze, że nie musimy rozmawiać!".

To jeden z bardziej wyświechtanych tematów w pismach kobiecych, sama przewracam oczami, jak widzę kolejny tekst o komunikacji w związku. Jest tam tyle frazesów, które mogą prowadzić do niezbyt dobrej rozmowy.

A przecież nie chodzi wyłącznie o to, żeby rozmawiać, tylko żeby ta rozmowa nas do czegoś prowadziła. Milczenie naprawdę bywa cenniejsze niż okładanie się słowami, za którymi niewiele stoi. Bardzo często nie potrafimy powiedzieć, o co nam chodzi, albo wolimy nie mówić wprost. Jestem na przykład zazdrosna, ale wolę o tym nie mówić, żeby się nie narazić na opinię, że jestem słaba, więc udaję, że mnie to w ogóle nie obchodzi. Albo szydzę z partnera, jak to się durnowato zachowuje na imprezach, robi z siebie kretyna i skupia uwagę przede wszystkim kobiet. W ten sposób chcę ukryć swoje uczucia —

wolę nie mówić, że czuję się opuszczona, gdy partner flirtuje z innymi.

Równie często ludzie chyba nie do końca wiedzą, czego potrzebują, nie potrafią tego sformułować.

Mało tego, mówienie o potrzebach często myli im się z pretensjami. Łatwiej wykrzyczeć: „Ty mnie nigdzie nie zabierasz", niż powiedzieć: „Zabierz mnie gdzieś. Marzę o romantycznej randce". Zwykle na wyrażoną wprost potrzebę druga strona odpowiada pozytywnie.

Ale u nas panuje kult DOMYŚL SIĘ. Kobiety mówią: „Jak już powiem wprost, że chcę dostać kwiaty i je dostanę, to i tak nie potrafię się tym cieszyć, bo wydaje mi się to wymuszone, jakieś takie mniej romantyczne".

Zwykle to przeformułowuję i mówię: „Dostała pani to, o czym powiedziała. Proszę zobaczyć, jak to działa!". Rozpoznawanie i wyrażanie wprost swoich potrzeb to jedno z narzędzi, które terapia daje parze. Mam wrażenie, że to trudniejsze niż mówienie o uczuciach. Wiele osób boi się mówić o potrzebach, ponieważ spodziewa się raniącej reakcji — zlekceważenia, wyśmiania, odtrącenia. A to przecież podstawa, żeby dokonać w związku zmiany na lepsze. Gdy partnerzy mogą bez wzajemnych oskarżeń dzielić się swoją perspektywą, zaczyna się praca nad tym, z czym w związku jest źle, co ich podzieliło. Zaczynają się słyszeć.

Co dalej?

W zależności od tego, jaki para ma problem, pracujemy nad bieżącymi kryzysami albo jakimiś zaszłościami, historią urazów. Nad odbudową zaufania, bo w dużych kryzysach zwykle to ono jest nadwyrężone. Prawie zawsze sięgamy do rodzin pochodzenia, bo z nich czerpiemy bazowe przekonania na temat relacji. Dużo zależy od tego, jak głęboko para jest w stanie w proces terapeutyczny wejść. Niektórzy chcą jedynie doraźnej poprawy, a nie głębszej zmiany. Ale część par, szczególnie tych, w których partnerzy byli na terapiach indywidualnych, chce czegoś więcej.

Czego?

Zmiany matrycy, na której związek się opiera.

Eva-Maria Zurhorst, niemiecka terapeutka par, pisze, że rozstanie nie jest żadnym rozwiązaniem — jeśli nie zastanowimy się, co robimy, i nie zmienimy tego, wylądujemy w tym samym schemacie. Czy pani to obserwuje?

Często, zwłaszcza u osób, z którymi pracuję indywidualnie. Wchodzą w trzecie małżeństwo i z niepokojem patrzą, co się wydarzy — bo skoro dwa poprzednie nie wyszły, to może coś jest na rzeczy? Może mam tu jakąś lekcję do odrobienia? Kojarzy mi się to z porównaniem budowania związku do gry w tenisa: jeśli nie umiesz grać, kolejne, droższe rakiety albo inne korty niczego nie zmienią. Najpierw trzeba nauczyć się grać, wtedy będzie się miało frajdę. Bo tu nie chodzi o zmianę, tylko o przemianę. Możliwą w związkach, jeśli partnerzy wspólnie pracują nad relacją.

Co jest główną przyczyną rozstań?

Gdyby wziąć statystyki sądowe, to różnica charakterów.

Wielki wór, do którego można wrzucić wszystko.

I z którego niewiele wynika. Kiedyś długo się nad tym zastanawiałam i myślę, że na bardzo ogólnym poziomie przyczyną rozstań jest zbyt dużo negatywności w stosunku do pozytywności w związku. Negatywnością może być ciągłe napięcie, mogą to być kłótnie, awantury, krytyka, pogarda, przemoc. Ale czasem wystarczy za mało pozytywności w związkach, w których jest jednocześnie mało negatywności. To często są związki, w których jest tak…

Nudno?

Płasko. I niektórym parom te równiny nie przeszkadzają. Dla innych to znak, że relacja nie działa. Brak emocjonalnego przepływu, poczucia, że się kochamy, może niesłychanie frustrować. Ludzie zaczynają rozważać rozstanie, kiedy przestają się czuć kochani.

Dlaczego kiedyś ludzie wytrzymywali ze sobą dłużej?

Nie traktowali rozwodu jako jednego ze sposobów na rozwiązanie problemu. Rozwód to już nie jest wstyd, jest na niego przyzwolenie społeczne. A poza tym ludzie żyli krócej! Więc ich monogamiczne małżeństwa „na całe życie" trwały czasem kilkanaście lat. Kiedyś czytałam, że porównywanie naszych czasów do tych, kiedy żyli Romeo i Julia, nie ma sensu, bo wtedy małżeństwo na całe życie oznaczało może piętnaście lat. Medycyna pomaga nam być bardzo długo sprawnym — ostatnio uświadomiłam sobie, że już właściwie nie widuje się ludzi o lasce. Nasza kondycja jest lepsza, apetyt na życie większy.

No i kobiety są niezależne.

Niedawno ktoś mnie zapytał, dlaczego dwie trzecie pozwów o rozwód w Polsce wnoszą właśnie one. I myślę, że dla wielu kobiet związek wciąż jest priorytetem, mężczyźni często realizują się gdzie indziej: w pracy, pasjach. I oni dłużej nie zauważają, że w związku jest źle. Kobiety chcą rozmawiać, a mężczyźni tego unikają. W konsekwencji kobiety czują, że brakuje im więzi.

Prawniczka, z którą o tym rozmawiałam, mówiła, że kobiety mają dość matkowania mężczyznom.

Ale mężczyźni też uniezależnili się od kobiet: kiedyś nie potrafili niemal niczego w domu zrobić. Dziś zajmują się dziećmi, gotują dla całych rodzin. Nie jest tak źle. Wydaje mi się, że jest znacznie mniej obustronnej zależności, co powoduje, że łatwiej z mało satysfakcjonującego związku wyjść. Każde z partnerów jest w stanie poradzić sobie samo.

Ale przecież to jest najlepsze: być z kimś, dlatego że się chce, a nie musi.

Fajnie jest zależność od siebie zamieniać we współzależność. W takim związku każde stoi na własnych nogach i jednocześnie chce dawać, dzielić się emocjonalnymi dobrami, by budować coś, co jest ważne i wartościowe dla obojga. Dobrze się idzie przez życie we dwoje, jeśli towarzyszem jest ktoś, kto nas szanuje jako odrębną osobę. Kiedy mamy różne zdania, ale jednocześnie przyjemność z bycia razem. Czyli kiedy to, co pozytywne, przeważa nad tym, co negatywne.

DOROTA ZIÓŁKOWSKA-MACIASZEK, psychoterapeutka, trenerka umiejętności psychospołecznych, terapeutka par. Założycielka Fundacji „Rozwód? Poczekaj!". Związana z Centrum Pomocy Profesjonalnej w Warszawie.

Bibliografia

Jenny Anderson, Paula Szuchman, *Ekonomia miłości. Szczęście w związku a zmywanie naczyń*, tłum. Agnieszka Sobolewska, Warszawa 2013.

Simon Baron-Cohen, *Teoria zła. O empatii i genezie okrucieństwa*, tłum. Agnieszka Nowak, Sopot 2015.

Barbara Bloomfield, Chris Radley, *Terapia par. Miłość, seks i dramaty*, tłum. Piotr A. Majewski, Gdańsk 2015.

Szymon Chrząstowski, *Narracyjna terapia więzi. Przewodnik psychoterapeuty par*, Warszawa 2021.

Justyna Dąbrowska, *Zawsze jest ciąg dalszy. Rozmowy z psychoterapeutami*, Warszawa 2021.

Diagnoza w psychoterapii par. Tom 1. Diagnoza par w różnych podejściach, redakcja naukowa: Hanna Pinkowska-Zielińska, Bartosz Zalewski, Warszawa 2021.

Alicja Długołęcka, Paulina Reiter, *Seks na wysokich obcasach*, Warszawa 2011.

Alicja Długołęcka, Paulina Reiter, *Seks na wysokich obcasach 2*, Warszawa 2016.

Edyp i para, pod redakcją Francisa Griera, tłum. Barbara Suchańska, Warszawa 2015.

John M. Gottman, Nan Silver, *Siedem zasad udanego małżeństwa*, tłum. Donata Olejnik, Kraków 2014.

Sue Johnson, *Przytul mnie*, tłum. Katarzyna Sobiepanek-Szczęsna, Warszawa 2012.

Sue Johnson, *Siedem rozmów wzmacniających związek. Jak pogłębić relację i stworzyć emocjonalną bliskość*, tłum. Natalia Mętrak-Ruda, Łódź 2023.

Agnieszka Jucewicz, *Czując. Rozmowy o emocjach*, Warszawa 2019.

Agnieszka Jucewicz, Grzegorz Sroczyński, *Kochaj wystarczająco dobrze*, Warszawa 2015.

Agnieszka Jucewicz, Grzegorz Sroczyński, *Żyj wystarczająco dobrze*, Warszawa 2013.

Robert Kowalczyk, Agata Stola, *Chemsex*, Warszawa 2021.

Liv Larsson, *Porozumienie bez przemocy w związkach. Zbadaj swoje relacje*, tłum. Paweł Urbanik, Warszawa 2011.

Matthew McKay, Martha Davis, Patrick Fanning, *Sztuka skutecznego porozumiewania się*, tłum. Agata Błaż, Gdańsk 2001.

Matthew McKay, Patrick Fanning, Avigail Lev, Michelle Skeen, *Relacje na huśtawce*, tłum. Sylwia Pikiel, Sopot 2020.

Monica Mendez Leahy, *1001 pytań, które warto zadać przed ślubem*, tłum. Jakub Klingofer, Warszawa 2005.

Mary Morgan, *Stan umysłu pary. Psychoanalityczna terapia par*, tłum. Julia Jastrzębska, Iwa Magryta-Wojda, Barbara Suchańska, Warszawa 2019.

Irena Namysłowska, Cezary Gawryś, Katarzyna Jabłońska, *Od rodziny nie można uciec*, Warszawa 2020.

Marta Niedźwiecka, Hanna Rydlewska, *Slow sex. Uwolnij miłość*, Warszawa 2021.

Esther Perel, *Inteligencja erotyczna. Seks, kłamstwa i domowe pielesze*, tłum. Magdalena Zielińska, Kraków 2009.

Esther Perel, *Kocha, lubi, zdradza. Nowe spojrzenie na problem wierności*, tłum. Magdalena Zielińska, Kraków 2018.

Michał Pozdał, *Kobieta świadoma*, Warszawa 2021.

Psychoterapia dziś. Rozmowy, pod redakcją Zofii Milskiej-Wrzosińskiej, Warszawa 2020.

Psychoterapia par. Teoria i praktyka w Instytucie Badań nad Małżeństwem Kliniki Tavistock, pod redakcją Stanleya Ruszczynskiego, tłum. Marta Kruszyńska-Mąka, Warszawa 2012.

Marshall B. Rosenberg, *Porozumienie bez przemocy*, tłum. Michał Kłobuchowski, Marta Markocka-Pepol, Warszawa 2016.

Katarzyna Schier, *Dorosłe dzieci. Psychologiczna problematyka odwrócenia ról w rodzinie*, Warszawa 2020.

Anne Ancelin Schützenberger, *Psychogenealogia w praktyce*, tłum. Blanka Łyszkowska, Warszawa 2016.

Anne Ancelin Schützenberger, *Tajemnice przodków. Ukryty przekaz rodzinny*, tłum. Blanka Łyszkowska, Warszawa 2016.

Seksualność i problemy seksualne z perspektywy psychodynamicznej, redakcja naukowa Lidia Cierpiałkowska, Izabela Turbaczewska-Brakoniecka, Jarosław Groth, Warszawa 2017.

P.F. Thomese, *Cień mojego dziecka*, tłum. Alicja Oczko, Warszawa 2011.

Judith Viorst, *To, co musimy utracić*, tłum. Aleksander Gomola, Warszawa 2020.

Jurg Willi, *Związek dwojga. Psychoanaliza pary*, tłum. Maria Szwecow-Szewczyk, Warszawa 2014.

Mark Wolynn, *Nie zaczęło się od ciebie. Jak dziedziczona trauma wpływa na to, kim jesteśmy i jak zakończyć ten proces*, tłum. Maria Reimann, Warszawa 2021.

Spis treści

Wydanie pierwsze

Opieka redakcyjna
Dorota Wierzbicka

Redakcja
Aneta Tkaczyk

Korekta
Anna Dobosz, Anna Poinc-Chrabąszcz, Krystyna Zaleska

Projekt okładki i stron tytułowych
Paulina Piorun

Układ typograficzny
Urszula Gireń

Redakcja techniczna
Robert Gębuś

Książkę wydrukowano na papierze Ecco Book Cream 80 g vol. 2,0

Printed in Poland
Wydawnictwo Literackie Sp. z o.o., 2024
ul. Długa 1, 31-147 Kraków
bezpłatna linia telefoniczna: 800 42 10 40
księgarnia internetowa: www.wydawnictwoliterackie.pl
e-mail: ksiegarnia@wydawnictwoliterackie.pl
tel.: (+48-12) 619 27 70
Skład i łamanie: Infomarket
Druk i oprawa: Drukarnia Zapolex

ISBN 978-83-08-08376-5